The Japan Accounting and Financial Analysis Examination

JN104869

ビジネス会計
検定試験®

公式テキスト
第5版
対応

3級

横山隆志 著

重要ポイント＆模擬問題集

日本能率協会マネジメントセンター

本書の内容に関するお問い合わせについて

平素は日本能率協会マネジメントセンターの書籍をご利用いただき、ありがとうございます。

弊社では、皆様からのお問い合わせへ適切に対応させていただくため、以下①～④のようにご案内いたしております。

①お問い合わせ前のご案内について

現在刊行している書籍において、すでに判明している追加・訂正情報を、弊社の下記 Web サイトでご案内しておりますのでご確認ください。

https://www.jmam.co.jp/pub/additional/

②ご質問いただく方法について

①をご覧いただきましても解決しなかった場合には、お手数ですが弊社 Web サイトの「お問い合わせフォーム」をご利用ください。ご利用の際はメールアドレスが必要となります。

https://www.jmam.co.jp/inquiry/form.php

なお、インターネットをご利用ではない場合は、郵便にて下記の宛先までお問い合わせください。電話、FAX でのご質問はお受けいたしておりません。

〈住所〉 〒103-6009　東京都中央区日本橋 2-7-1　東京日本橋タワー 9F
〈宛先〉 ㈱日本能率協会マネジメントセンター　ラーニングパブリッシング本部　出版部

③回答について

回答は、ご質問いただいた方法によってご返事申し上げます。ご質問の内容によっては弊社での検証や、さらに外部へお問い合わせすることがございますので、その場合にはお時間をいただきます。

④ご質問の内容について

おそれいりますが、本書の内容に無関係あるいは内容を超えた事柄、お尋ねの際に記述箇所を特定されないもの、読者固有の環境に起因する問題などのご質問にはお答えできません。資格・検定そのものや試験制度等に関する情報は、各運営団体へお問い合わせください。

また、著者・出版社のいずれも、本書のご利用に対して何らかの保証をするものではなく、本書をお使いの結果について責任を負いかねます。予めご了承ください。

　世の中の関心はChatGPTをはじめとする生成系AIで満ちあふれています。英国オックスフォード大学のマイケル・オズボーン准教授とカール・ベネディクト・フレイ博士は、「The Future of Employment: How Susceptible are jobs to computerization?」(2013) で「アメリカ国内の労働者の47%が仕事を機械にとって代わられるリスクが高い」と発表し、一大センセーションを巻き起こしました。仕事のリスクランキングの中で、税務申告書類作成者が8位に入っており、国内でも「税理士をはじめとする会計従事者の仕事がなくなるのではないか」という議論が起きました。皆さんは、どう思いますか。

　著者は、1987年にパソコン会計ソフト業界に身を投じて以来、2,000社以上の中小企業の会計業務の運用支援に携わってきました。その中で確信していることがあります。「技術の発展により、簿記的な業務の自動化は進む」——現在、まさにそのとおりになっています。FinTech、RPA（Robotic Process Automation）、AI OCR、デジタルインボイスなど、経理業務の自動化にまつわる話題は絶えません。では、会計に関する仕事はAIに置き換えられてしまうのでしょうか。私の答えはNoです。転記作業を主とする仕事は間違いなく減るでしょう。しかし、自動化が進めば進むほど、チェック作業の重要性は増します。ChatGPTの回答には、常にチェックが必要なのと同じです。

　大阪商工会議所が主催する「ビジネス会計検定試験」は、財務諸表の分析を中心とした会計情報の理解を問うものです。財務諸表の作成には、簿記の知識が必要です。しかし、財務諸表の分析には、仕訳や帳簿転記などの簿記の知識はそれほど要求されません。作成された財務諸表を通じて、当該企業の現在の状態（経営成績や財政状態）をチェックする能力が必要になるのです。

　時代が進み、AIがますますその力を発揮しても、最終的には、人間がチェックする部分は残ります。皆さんには、検定試験に挑戦することで、会計に関するチェック能力を養っていただきたいと思います。

2023年7月　　　　　　　　　　　　　　　　　　　　横山　隆志

第3章　損益計算書の理解

①ビジネス会計検定試験の概要

●ビジネス会計検定試験とは

　ビジネス会計検定試験は、「財務諸表に関する知識や分析力を問うもので、財務諸表が表す数値を理解し、ビジネスに役立てていくこと」に重点を置いて開発されたものです（大阪商工会議所「ビジネス会計検定試験」ホームページより）。大阪商工会議所の主催、各地商工会議所の協力により、年2回実施されます。2023年度は、全国17都市での実施が予定されています。

■到達目標

級	到達目標
3 級	会計の用語、財務諸表の構造・読み方・分析等、財務諸表を理解するための基礎的な力を身につける。
2 級	企業の経営戦略や事業戦略を理解するため、財務諸表を分析する力を身につける。
1 級	企業の成長性や課題、経営方針・戦略などを理解・判断するため、財務諸表を含む会計情報を総合的かつ詳細に分析し企業評価できる力を身につける。

■級別の実施方法

級	問題形式	合格基準
3 級	マークシート方式 （2 時間）	100 点満点で、70 点以上の得点
2 級		
1 級	マークシート方式および論述式 （2 時間 30 分）	200 点満点で、論述式 50 点以上かつ全体で 140 点以上の得点

■試験結果：第 27 回〜第 32 回

実施回 実施年月	レベル	申込者 （人）	合格者数 （人）	合格率 （%）
第 27 回 2020 年 10 月 18 日	3級	4,606	2,774	70.5
	2級	2,340	822	46.3
第 28 回 2021 年 3 月 14 日	3級	5,216	2,927	67.7
	2級	2,860	1,093	51.5
	1級	281	53	24.4
第 29 回 2021 年 10 月 17 日	3級	4,920	2,866	68.9
	2級	2,516	1,014	52.1

実施回 実施年月	レベル	申込者 （人）	合格者数 （人）	合格率 （%）
第 30 回 2022 年 3 月 13 日	3級	4,376	2,213	63.5
	2級	2,587	1,035	54.2
	1級	278	24	10.8
第 31 回 2022 年 10 月 16 日	3級	4,588	2,550	67.2
	2級	2,271	959	53.3
第 32 回 2023 年 3 月 12 日	3級	4,373	2,158	61.7
	2級	2,568	1,138	59.1
	1級	277	45	21.3

（出典）ビジネス会計検定試験ホームページ（http:s//www.b-accounting.jp/）より。

②ビジネス会計検定試験３級のポイント

●出題範囲

　３級の到達目標は、前項の図表「到達目標」で示したとおりです。

　『ビジネス会計検定試験® 公式テキスト３級』（大阪商工会議所編）の内容と、それを理解したうえでの応用力が問われます。出題範囲として、以下のように掲げられています。

①財務諸表の構造や読み方に関する基礎知識……財務諸表とは／貸借対照表、損益計算書、キャッシュ・フロー計算書の構造と読み方

②財務諸表の基本的な分析……基本分析／成長性および伸び率の分析／安全性の分析／キャッシュ・フロー情報の利用／収益性の分析／１株当たり分析／１人当たり分析

●出題形式

　３級は、マークシート方式の試験です。過去の実施分では、以下のような形式で出題されています。

＊２つの短い文章が与えられ、それぞれの記載内容についての正誤の組み合わせを、４肢（正と正、正と誤、誤と正、誤と誤）から１肢選択

（例）キャッシュ・フロー計算書に関する次の文章について、正誤の組み合わせとして正しいものを選びなさい。

＊短い文章の空欄に当てはまる語句（または語句の組み合わせ）を、４〜５肢から１肢選択

＊記載内容を満たすものについての正しい組み合わせを、４〜５肢から１肢選択

（例）流動資産に含まれる項目の適切な組み合わせを選びなさい。

＊財務諸表の空欄に当てはまる比率や数値を計算し、４〜５肢のなかから１肢選択

（例）次の資料から経常利益を計算し、正しい数値を選びなさい。

●出題の特徴

　財務諸表の構造や、各種用語・概念の定義などについて、基本的な事項が簡潔に問われます。計算の総合問題も出題されます。また、数値を計算して解答させるもの、財政状態・経営成績の分析と他社比較なども、問題のうち多くを占めています。

　なお、各設問の配点および正解基準は、公表されていません。

●学習のポイント

　公式テキストに記載されていない内容や、応用的な判断が必要となる問題は、出題される可能性が低いと考えられます。

　むしろ、基本的な事項のうち、ポイントとなる部分がどこであるかをしっかりと把握し、重点的に理解することが重要です。

●本書のしくみと利用方法

　各項目について、原則、見開き2ページで解説しています。また、学習のため、以下のような工夫をしています。

　①**学習のポイント**……各項目の最初に欄を設けて、重要事項を整理しています。「学習のポイント」を意識しながら確認することで、検定試験に必要な知識を整理できるように構成しています。

　②**理解度チェック**……各章末に、章全体の内容を確認するための問題を豊富に用意しています。「理解度チェック」は、実際に出題された過去問題を参考にした○×形式の演習問題で、簡潔に理解度を確認できるようにしたものです。解説により、理解した知識の定着を図ります。

　③**模擬問題**……最終章に、実際の検定を想定した模擬問題を用意しています。学習した個々の事項を総合的に試すため、ぜひ活用してください。

　実際の検定試験では、記載事項の正誤を問うものが多く出題されています。「理解度チェック」や「模擬問題」の解説を繰り返し確認することで、合格に必要な知識を身につけることができます。

第1章

財務諸表とは

1 財務諸表の役割と体系

> **Point**
> ● 企業の財務諸表の公開 … 主に、会社法と金融商品取引法の２つが
>   ある。それぞれの制度では、目的と財務諸表の体系が異なる。
> ● 貸借対照表、損益計算書、キャッシュ・フロー計算書 … 対象（一
>   定時点か、一定期間か）と、内容（財政状態、経営成績、現金の出
>   入り）の違いをおさえること。

1．財務諸表の役割を理解しよう

　財務諸表の役割は、企業の活動に利害がある人々（**ステークホルダー＝利害関係者**）に対して、企業の実態を会計情報として提供することにあります。

　企業とステークホルダーの関係は、さまざまです。このため、企業に対し、ステークホルダーが知りたいことも、次のように異なっています。

- **●経営者** ………… どうしたら株主から評価を得る業績を達成できるか。
- **●投資者** ………… どれだけのキャピタルゲイン（値上がり益）や配当が得られるか。
- **●株主** ………… 経営者による経営は適切か。
- **●債権者** ………… 債権は無事に回収できるか。
- **●取引先** ………… 継続して取引ができるか。
- **●従業員** ………… 賃金水準は適切か。
- **●国・地方自治体**…… これまでの政策の効果が出ているか。今後どのような政策が必要か。
- **●地域住民** ………… 環境への配慮や対策がされているか。

　財務諸表の利用者は、このように多様な関心をもったステークホルダーです。ステークホルダーが、それぞれの意思決定を正しく行えるよう、財務諸表には、**企業の状況を適切に表現する**ことが求められています。

2．財務諸表の体系を理解しよう

① 財務諸表の公開に関する2つの法律

企業の会計に関する制度としては、主に、**会社法**と**金融商品取引法**があげられます。

② 会社法と金融商品取引法それぞれの財務諸表の体系

会社法と金融商品取引法とでは、中心的に対象としているステークホルダーが異なります。このため、会社法と金融商品取引法では、作成が求められる財務諸表の体系や様式が異なっています。

それぞれの主な目的と財務諸表の体系をまとめると、**図表1-1**のとおりです。大きな相違としては、会社法ではキャッシュ・フロー計算書の作成を求めていないことがあげられます。

図表1-1　財務諸表の体系についての会社法・金融商品取引法の対比

内容	会社法	金融商品取引法
主な目的	株主・債権者の保護（*2）	投資者の保護（*3）
作成される財務諸表（*1）	・貸借対照表 ・損益計算書 ・株主資本等変動計算書 ・個別注記表	・貸借対照表 ・損益計算書 ・株主資本等変動計算書 ・キャッシュ・フロー計算書 ・附属明細表

(*1) 会社法では、財務諸表のことを計算書類と呼んでいる。
(*2) 株主・債権者の保護の1つとして、経営者の株主に対する説明責任（アカウンタビリティ）がある。
(*3) 投資者の保護として、投資者が自己責任原則（損失は投資者自身が負担しなければならないという原則）のもとに投資行動ができるようにするため、情報の適正性を担保する監査制度などがある。

3．主な財務諸表の内容を理解しよう

図表1-1で示した財務諸表のうち、中心となるのは以下の3つです。

①**貸借対照表** = Balance Sheet（略称 **B/S**）

②**損益計算書** = Profit and Loss Statement（略称 **P/L**）

③**キャッシュ・フロー計算書** = Cash Flow Statement（略称 **C/S**）

それぞれの主な内容は、**図表1-2**のとおりです。

図表 1-2　貸借対照表、損益計算書、キャッシュ・フロー計算書の内容

種類	内容
貸借対照表（B/S）	一定時点（*1）の財政状態（*3）を示す。
損益計算書（P/L）	一定期間（*2）の経営成績（*4）を示す。
キャッシュ・フロー計算書（C/S）	一定期間（*2）の現金等の出入りを示す。

(*1) 通常は、決算日の時点を対象とする。
(*2) 通常は、決算日までの1年間を対象とする。
(*3) 企業が、自社の活動のために利用している資金を、どのような源泉から調達し、どのような形態で運用しているかを示す。
(*4) 企業が、活動によってどれだけもうけたかを示す。

4．主要な開示媒体を理解しよう

　財務諸表はステークホルダーに開示する必要があります。法律や証券取引所の要請等に基づいて次のような開示方法があります。

①会社法……………………**決算公告**

②金融商品取引法………**有価証券報告書**

③証券取引所の要請……**決算短信**（もっとも早く公式発表される情報）。

　証券取引所が整備した適時開示システム「TDnet」にも提出します。

　なお、決算公告は実際には行っていない会社が多く、一般的には株主総会招集通知により開示されるケースがほとんどです。

> ◎ **EDINET・・・ 有価証券報告書などの電子開示システム**
>
> 　有価証券報告書を参照したい会社名でEDINETを検索すると、さまざまな情報を確認することができます。検定試験の学習を興味深く進めるために、関心のある会社を検索することをお勧めします。

> ☝**検定対策**
>
> ▶図表1-2の内容を問う問題は頻出されています。貸借対照表、損益計算書とキャッシュ・フロー計算書が何を示すものかしっかり意識して、第2章以降の具体的内容の学習を進めましょう。

第1章
第2章
第3章
第4章
第5章
第6章

理解度チェックと解答・解説
理解度チェック

次の記述のうち、適切と思われるものは○に、不適切と思われるものは×に、それぞれ丸を付けなさい。

1. ステークホルダーのうち、たとえば経営者は会計情報に基づいて投資を行うか否かの判断を行い、債権者は融資を行うか否かの判断を行う。 **(○ ×)**

2. 企業会計を規制する制度には、会社法と金融商品取引法がある。情報開示を通じて、会社法は主に投資者の保護を目的とし、金融商品取引法は主に株主・債権者の保護を目的としている。 **(○ ×)**

3. 財務諸表等の情報をステークホルダーに提供するなど、会社の情報を公開することをディスクロージャーという。 **(○ ×)**

4. 会社法上の計算書類には、貸借対照表、損益計算書、株主資本等変動計算書、キャッシュ・フロー計算書および個別注記表が含まれる。 **(○ ×)**

5. 金融商品取引法上の財務諸表は、貸借対照表、損益計算書、株主資本等変動計算書、キャッシュ・フロー計算書、および附属明細表で構成される。 **(○ ×)**

6. 金融商品取引法上の代表的な開示書類は、決算短信である。 **(○ ×)**

7. キャッシュ・フロー計算書は、貸借対照表および損益計算書の内容に関する附属明細表である。 **(○ ×)**

8. 貸借対照表は一定期間における企業の財政状態を表示し、損益計算書は一定時点における企業の経営成績を表示する計算書である。 **(○ ×)**

9. キャッシュ・フロー計算書とは、一会計期間におけるキャッシュ・フローの状況を表示する計算書である。 **(○ ×)**

解答・解説

番号	解答	解　　説
1	×	投資の判断をするのは投資者であり、経営者は会計情報に基づいて自社の経営に関する判断を行います。それぞれの利害関係者が何に関心を持っているのか、対応関係をしっかりおさえておきましょう。
2	×	会社法が主に保護しようとしているのは株主・債権者であり、金融商品取引法が目的とするのは投資者の保護です。
3	○	ステークホルダーへのディスクロージャーの1つとして、財務諸表による会計情報の公開があります。
4	×	キャッシュ・フロー計算書は、会社法により作成が求められる計算書類には含まれません。なお、会社法では財務諸表のことを計算書類と呼ぶことも、おさえておきましょう。
5	○	キャッシュ・フロー計算書と附属明細表は、金融商品取引法により作成が求められる財務諸表にのみ含まれます。会社法の計算書類の範囲と、金融商品取引法の財務諸表の範囲について、それぞれしっかりおさえておきましょう。
6	×	金融商品取引法上の代表的な開示書類は、有価証券報告書です。決算短信は、証券取引所の要請による開示書類です。
7	×	キャッシュ・フロー計算書は貸借対照表や損益計算書に対する附属の表ではなく、それ自体が独立した1つの計算書として位置付けられています。
8	×	「貸借対照表→一定時点における企業の財政状態」、「損益計算書→一定期間における企業の経営成績」という対応関係を混同しないよう注意しましょう。
9	○	財務諸表が報告の対象とする期間のこと会計期間といいます。「一会計期間＝一定期間」、「一会計期間末＝一定時点」であることを理解しておきましょう。

第2章

貸借対照表の理解

1 貸借対照表のしくみ

> **Point**
> - 貸借対照表 … 一定時点の財政状態（資金の調達源泉［負債、純資産］と、運用形態［資産］の関係）を表す。
> - つねに、「資産合計＝負債合計＋純資産合計」の関係が成立する。
> - 貸借対照表の様式 … 勘定式と報告式の2つがある。

1．貸借対照表の構成を理解しよう

① 貸借対照表とは

　貸借対照表（B/S）は、**一定時点**の企業の**財政状態**を示す計算書です。ここでいう財政状態とは、企業が活動を行うために、どこから資金を調達し、どのように運用しているかということです。

　つまり、貸借対照表は、資金の調達源泉と資金の運用形態の関係を対照して表示したものともいえます。

② 資産と負債・純資産の関係

　貸借対照表は、大きく分類すると、左側に資産の部、右側に負債の部と純資産の部があります。

　この関係を示すと、**図表 2-1** のとおりです。貸借対照表の右側が資金の**調達源泉**を示し、左側が**運用形態**を示しています。

図表 2-1　貸借対照表の構成

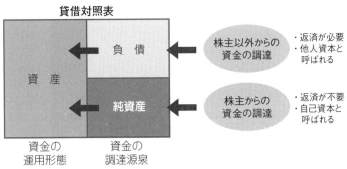

右側は、さらに、株主から調達した部分（**純資産**）と、株主以外から調達した部分（**負債**）に分かれます。純資産は株主からの払込等により調達した資金であり、原則として返済する必要がありません。一方、負債はいずれ返済が必要となります。このため、貸借対照表では、純資産と負債を区分して表示しています。

左側の**資産**は、調達した資金を、どのような形で運用しているかを表示しています。

したがって、貸借対照表では、左右の合計は必ず等しくなり、以下の関係が成立します。

資産合計　＝　負債合計　＋　純資産合計

なお、貸借対照表の例を巻末に掲載していますので、参考にしてください（177ページ）。

2．貸借対照表の様式を理解しよう

貸借対照表の様式には、一般的に2つの種類があります。

1つは、**勘定式貸借対照表**と呼ばれるもので、**図表 2-1** のように、資産を左側、負債・純資産を右側に配置して、対照表示します。

もう1つの様式は、**報告式貸借対照表**と呼ばれるものです。報告式の貸借対照表では、資産、負債、純資産を左右に対照するのではなく、各項目を上から順に表示します。報告式貸借対照表の構成を図示すると、**図表 2-2** のとおりです。

図表 2-2　報告式貸借対照表

貸借対照表

| 資　産 |
| 負　債 |
| 純資産 |

2 貸借対照表の表示のルール①

> **Point**
> - 資産 ··· 流動資産、固定資産、繰延資産の３つに分類して表示される。
> - 負債 ··· 流動負債、固定負債の２つに分類して表示される。
> - 流動項目と固定項目の区分の方法 ··· 正常営業循環基準とワンイヤールールがある。それぞれの内容と、具体的な適用の順序を理解すること。

1．資産、負債の内訳の区分を理解しよう

　貸借対照表では、**図表 2-3** のように、資産は**流動資産**と**固定資産**と**繰延資産**の３つに区分されます。また、負債は**流動負債**と**固定負債**の２つに区分されます。

図表 2-3　流動項目と固定項目の区分

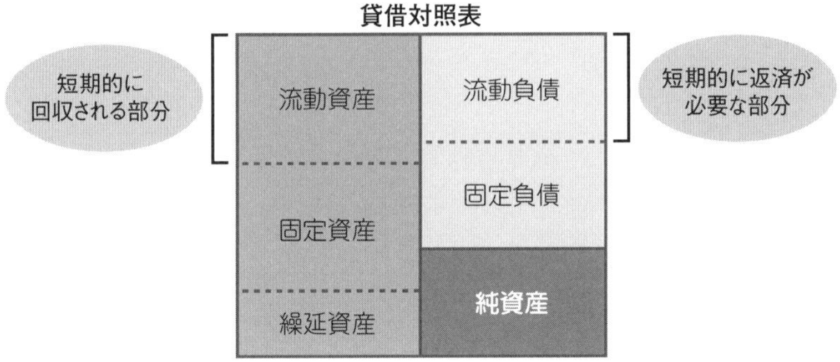

　このような区分がなされることで、貸借対照表からは、資産・負債について、短期的に回収される部分（流動資産）と、そうでない部分（固定資産、繰延資産）、短期的に返済される部分（流動負債）とそうでない部分（固定負債）がわかるようになっています。

２．流動項目と固定項目を区分する基準を理解しよう

　流動項目と固定項目を区分する基準として、次のように２つの基準があります。

①**正常営業循環基準**…　営業活動の循環（商品や原材料を仕入れ、製造し、販売することによって代金を回収するという、一連のサイクル）の過程にある項目を、流動資産・流動負債とします。

②**ワンイヤールール**…　決算日から１年以内に期日が到来する債権・債務を、流動資産・流動負債とします。

　資産や負債を流動項目、固定項目に分類するさいには、２つのルールを**図表 2-4** のように適用することとなっています。

図表 2-4　流動項目・固定項目の判定フロー

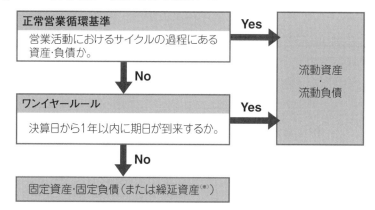

（※）繰延資産については、32ページ参照。

①まず、正常営業循環基準を適用して分類する。

②正常営業循環基準で流動資産・流動負債に該当しなかったものについて、ワンイヤールールを適用する。

③いずれにも該当しなかったものを固定資産・固定負債とする。

第1章
第2章
第3章
第4章
第5章
第6章

3 貸借対照表の表示のルール②

> **Point**
> - 貸借対照表の配列方法 ··· 流動性配列法と固定性配列法があり、一般的には、流動性配列法が採用される。
> - 貸借対照表の表示に関するルール ··· 総額主義の原則、重要性の原則がある。それぞれの名称、内容をおさえること。

1．貸借対照表の配列方法を理解しよう

　貸借対照表の**流動項目・固定項目の配列**には、**図表 2-5** に示す 2 つの方法があります。

図表 2-5　流動性配列法と固定性配列法

区分	内容
流動性配列法	●流動性（＊1）の高い順に配列する方法。 　・資産 ··· 流動資産⇒固定資産の順 　・負債 ··· 流動負債⇒固定負債の順 ●一般的には、こちらの流動性配列法が採用されている。
固定性配列法	●流動性配列法とは逆に、固定項目を先に、流動項目を後に配列する方法。 ●電力業、ガス業など特定の業種では、固定性配列法が採用されている。

（＊1）資金化の容易さのこと。

　流動性配列法、固定性配列法のどちらの方法でも、流動項目のなかでは**流動性の高いものから**配列することになっています。

　たとえば、流動資産の場合には、**図表 2-6** のように配列されるのが一般的です。

図表 2-6　流動資産の科目配列の例

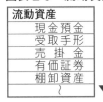

流動資産
現 金 預 金
受 取 手 形
売 掛 金
有 価 証 券
棚 卸 資 産
〜

流動性が高い（資金として回収されやすい）ものから順に配列

2．企業会計の基本ルールを理解しよう

① 総額主義の原則

　企業会計の基本ルールの１つに、総額主義の原則があります。

　総額主義の原則を貸借対照表の作成にあてはめると、次のように
なります。

> ・資産、負債および純資産は、その総額をもって記載することを原則とする。
> ・資産の項目と負債の項目または純資産の項目を相殺することによって、
> 　その一部または全部を貸借対照表から除去してはならない。

　貸借対照表の項目を、相殺して表示すると、資産、負債および純
資産の総額がわからなくなるため、貸借対照表からは、資金の調達
源泉と運用形態の関係を知ることができません。

　貸借対照表は、企業の**財政状態を明らかにする**ためのものです。
このため、表示については、総額主義の原則によることが求められ
ています。

② 重要性の原則

　企業会計の基本的なルールとして、重要性の原則もあげられます。

　重要性の低いものについては、本来の厳格な処理や表示によらな
いで、ほかの**簡便な方法によることも認める**というものです。

　第１章でもふれたように、企業会計の目的は、企業の状況に関する
利害関係者の判断を誤らせないことにあります。そこで、貸借対照表
の場合、項目の性質や金額が重要である場合には詳細に、重要でない
場合には他の項目に含めるなど、簡潔に表示されることになります。

☝検定対策

▶実際の検定試験では、流動資産の内訳科目について配列順序を問う出
　題もされています。

▶上記は、決して重要な論点ではありませんが、図表 2-6 の順序をおさ
　えておきましょう。

4 資産とは

> **Point**
> - 資産 … 流動資産、固定資産、繰延資産から構成される。固定資産は、さらに、有形固定資産、無形固定資産、投資その他の資産に分かれる。
> - 資産の評価基準 … 取得原価と時価がある。事業用資産は取得原価で、金融資産は時価で評価される。

１．資産の構成を理解しよう

① 資産とは何か

資産とは、企業が保有するもので、その企業に価値をもたらし、貨幣額で示すことができるものをいいます。

② 資産の分類

第２章２で述べたとおり、資産は、**流動資産、固定資産、繰延資産**から構成されます。

さらに、固定資産は、**有形固定資産、無形固定資産、投資その他の資産**の３つに区分されます。資産の分類を図示すると、**図表 2-7**のとおりとなります。

図表 2-7　資産の分類

流動資産	
固定資産	有形固定資産
	無形固定資産
	投資その他の資産
繰延資産	

2．資産の種類と評価基準の関係を理解しよう

　貸借対照表には、それぞれの資産が金額で示されています。ところで、この金額は何によって決定されているのでしょうか。

　企業会計では、「どのような金額をつけるか」ということを「評価」といいます。資産の**評価基準**（資産にどのような金額をつけるかを決定する基準）には、一般的に、**取得原価**（取得原価基準）と**時価**（時価基準）があります。どの基準を適用するかは、資産を所有したり利用する形態によって異なっています。

　次のように区分されます。

①**事業用資産**…本来の企業活動（生産、販売など）に利用される資産

　　　　　　→**評価基準**：取得原価（その資産を取得したときに支出した金額）

②**金融資産**……余剰資金の運用のために保有される資産

　　　　　　→**評価基準**：時価（期末時点での市場価格など）

◎有価証券の評価 ・・・ 保有目的よって区別

　有価証券は、保有する目的により貸借対照表での記載区分が異なります（詳しくは第2章5で解説します）。本項で解説した評価基準との関係においても、保有目的によって時価で評価されるか、取得原価で評価がされるかが異なります。

　しかし、それぞれの保有目的に応じてどのように評価されるかについての詳細は複雑であり、3級では扱われていません。現時点での理解としては、有価証券のうち、売買目的有価証券は金融資産にあたるので時価評価されることだけをおさえておけばよいでしょう。

☞検定対策

▶3級の対策としては、個々の資産について、どの資産が取得原価で評価され、どの資産が時価基準で評価されるかといったところまで、細かくおさえる必要はないでしょう。

▶資産を性格によって大きく2つに分類し（事業用資産、金融資産）、事業用資産では取得原価基準、金融資産では時価基準が適用されるという程度まで理解しておけばよいでしょう。

5　流動資産

Point
- 主な流動資産 … 各項目の内容そのものについて問われることはあまりない。それぞれの資産が、流動資産・固定資産・繰延資産のどれに属するかという点に注意すること。
- 有価証券 … 保有目的により表示区分が異なる。保有目的の種類と表示区分の関係をおさえること。

1．主な流動資産の内容を理解しよう

　主な流動資産について、貸借対照表に記載される順にみていきましょう。

- **現金および預金**…通貨、預金、貯金などの総称です。
- **受取手形**…………商品・サービスを販売し、代金として受け取った手形です。
- **売掛金**……………商品・サービスの販売代金の未回収額です。
- **契約資産**…………顧客に移転した財またはサービスと交換に受け取る対価にかかる権利です。ただし、顧客との契約から生じた債権を除きます（33ページコラムを参照してください）。
- **電子記録債権**……商品・サービスの販売代金のうち、電子債権記録機関（でんさいネット）を通じて回収するものです。
- **有価証券**…………他社が発行している株式、債券（国債、地方債、社債）などです。なお、有価証券は、**保有目的**に応じて、貸借対照表での表示科目が区分されます。
- **商品**………………卸売業や小売業などで販売するために保有する資産です。
- **製品**………………製造業で販売を目的として製造した資産です。
- **仕掛品**……………製造業で販売を目的として製造中の資産（未完成品）です。
- **貯蔵品**……………事業に関わる商品、製品、原材料以外の物品のうち、未使用のまま貯蔵されている資産です。消耗工具、切手、印紙などが該当します。

●**原材料**…………製造業で製品の生産のために消費される資産です。
●**前渡金**（まえわたしきん）…………商品・サービスの購入のために前払いした代金です。
●**前払費用**…………継続してサービスの提供を受けるために前払いした代金のうち、まだサービスの提供を受けていない部分です。賃借契約にかかる賃料の前払いなどです。
●**未収収益**…………継続してサービスの提供を行う場合に、すでにサービスを提供したものの、対価を受け取っていない部分です。貸付金利息の未収分などがあります。
●**短期貸付金**………ワンイヤールールにより、**決算日から1年以内**に期限が到来するものです。
●**未収金**……………企業の主な営業活動（商品・サービスの販売など）以外の取引から生まれた未収額です。**未収入金**ともいいます。不動産や有価証券を売却した場合などが該当します。

　商品、製品、仕掛品、貯蔵品、原材料を総称して**棚卸資産**（たなおろし）といいます。

2．有価証券の保有目的と表示区分の関係を理解しよう

　有価証券については、保有する目的によって貸借対照表での表示区分が異なります。保有目的と表示区分の関係は、次のとおりです。

①**売買目的有価証券**…………市場で売買が可能な有価証券で、時価の変動による値上がり益を期待して保有しているものです。換金性が高いことから、**流動資産**「**有価証券**」に区分されます。

②**満期保有目的の債券**………満期まで保有する目的の公社債などです。ワンイヤールールにより、満期が決算日から1年以内に到来するものは**流動資産**に、決算日から1年超のものは**固定資産**「**投資有価証券**」に区分されます。

③**子会社・関連会社株式**……子会社・関連会社の株式であり資金化を目的とするものではないため、**固定資産**に区分されます（子会社・関連会社については、33ページコラムを参照してください）。

④**その他有価証券**……………①〜③のいずれにも該当しない有価証券です。**固定資産**に区分されます。

6 固定資産①

> **Point**
> ● 固定資産 … 有形固定資産、無形固定資産、投資その他の資産から構成される。
> ● 主な固定資産 … 各項目の内容そのものについて深く問われることは少ない。それぞれの資産が、有形固定資産、無形固定資産、投資その他の資産のどの区分に該当するのか、しっかりおさえること。

1．主な固定資産の内容を理解しよう

　固定資産は、形態によって、**有形固定資産、無形固定資産、投資その他の資産**の3つに分類されます。

① 有形固定資産の内容

　まず、主な有形固定資産について、内容を確認しておきましょう。

- **建物**…………事務所、工場、店舗などの建物です。
- **構築物**………土地に定着した土木設備や工作物です。橋や鉄塔などが該当します。
- **機械装置**………各種の機械や装置です。
- **車両運搬具**……自動車や鉄道車両です。
- **工具器具備品**…工作用の工具や、コンピュータ、事務機器などの備品のことです。単に備品ともいわれます。
- **建設仮勘定**……建物などを建設するさいに、建設が完了するまでの支出額を集計する項目です。完成後に「建物」などの項目に振り替えられます。
- **土地**…………自社が所有する土地です。

② 無形固定資産の内容

　次に、主な無形固定資産について、内容を確認しておきましょう。

- **特許権**…………特許権とは、技術的発明を独占的に利用する権利です。権利を有償で取得するための支出額のほか、特許権を取得する手続きにかかった支出額を含みます。

●**商標権**…………商標権とは、商品名称・ロゴなど、商標を独占的に使用する権利です。特許権と同様に、取得対価としての支出額のほか、取得手続きにかかった支出額を含みます。

●**ソフトウェア**…コンピュータを作動させるソフトウェアのことです。外部から購入したさいの支出額のほか、自社での製作やバージョンアップにかかる支出額を含みます。

●**のれん**…………他の企業を買収などにより営業（事業）を譲り受けるさいに、営業（事業）の超過収益力（将来の収益見込み）に対して支払った額です。譲り受けた純資産の額を超えて相手方に支払ったプレミアム部分です（純資産については第2章10で詳しく述べます）。

③　投資その他の資産の内容

また、主な投資その他の資産の内容は、次のとおりです。

●**投資有価証券**…有価証券のうち、**長期保有**を目的としているものをいいます（保有目的の詳細については第2章5を参照してください）。

●**長期貸付金**……ワンイヤールールにより、**決算日から1年を超えて**回収期限が到来するものです。

●**長期前払費用**…前払費用のうち、決算日から1年を超える期間に対応する部分をいいます。長期の保険契約にかかる保険料の前払いなどが該当します。

●**繰延税金資産**…税効果会計の適用によって、貸借対照表に資産として表示されるものです（税効果会計については、第3章8を参照してください）。

7　固定資産②

Point
- 有形固定資産と無形固定資産の評価 ··· 使用や時間の経過による価値の下落（減価）を反映した金額で評価が行われる。
- 取得原価、減価償却累計額 ··· 貸借対照表上の評価額との関係を、表示の方法とあわせて理解すること。
- 減価償却費の計算方法 ··· 代表的なものとして定額法と定率法がある。それぞれの考え方を理解すること。

1．有形固定資産と無形固定資産の評価を理解しよう

　有形固定資産や無形固定資産は、通常、1 年を超えて長期にわたり使用されます。このため、使用や時間の経過によって、資産の価値は徐々に下落していくと考えられます。この価値の下落を**減価**といい、取得以後の年々の減価の累計を**減価償却累計額**といいます。

　有形固定資産や無形固定資産の評価（貸借対照表にどのような金額で記載するか）にあたっては、取得原価から減価償却累計額を控除することになっています。

2．減価償却費の計算方法を理解しよう

　有形固定資産や無形固定資産について、年々の価値の下落を具体的に金額で表したものを**減価償却費**といいます。

　実際の価値の下落は、正確に把握することは容易ではありません。そこで、企業会計では、**図表 2-8** に示すような一定の仮定により、減価償却費を計算する方法が用いられています。

図表 2-8　定額法と定率法

方法	仮定（考え方）	計算方法
定額法	資産の価値は、使用する期間（耐用年数）にわたって平均的に減少する。	（取得原価－残存価額）÷耐用年数
定率法	資産の価値は、一定割合ずつ毎年下落する。	期首の帳簿価額×償却率

第1章

第2章

第3章

第4章

第5章

第6章

　なお、残存価額とは、耐用年数を経過した時点での価値を見積もった金額のことをいいます。また、帳簿価額は、取得原価から減価償却累計額を差し引いた金額をいいます。

　定額法では、**毎年均等額ずつ**減価償却費が発生します。一方、定率法では、使用を始めた当初の減価償却費は大きいものの、年数がたつごとに**金額がしだいに小さくなっていく**という特徴があります。

図表 2-9　取得原価と減価償却費、減価償却累計額の関係

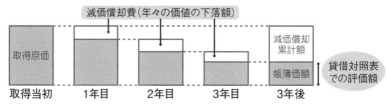

3．減価を反映した表示方法を理解しよう

　貸借対照表の表示には、以下の2つの方法があります。

①取得原価と減価償却累計額を**両建てで表示**する方法

＜例＞

機械装置		1,000
機械装置減価償却累計額	△300	700

②減価償却累計額を直接控除した金額を記載して、**控除した金額を注記**する方法

＜例＞

機械装置	700
（注記：機械装置700は、減価償却累計額300を控除した金額である）	

4．無形固定資産の表示方法を理解しよう

　無形固定資産についても、有形固定資産と同様に、減価を反映した評価が行われます。

　ただし、無形固定資産の場合、貸借対照表には、減価償却累計額を直接控除した残高のみが示されることになっています。

8 繰延資産

Point
- 主な繰延資産 … 創立費、開業費、開発費がある。
- すでに提供を受けた役務に対する支払額 … 通常は、費用であり、資産とはならない。しかし、支出の効果が将来にわたって現れる場合には、1期間の経営成績を正しく示すために繰延資産として計上される。

1．繰延資産が資産とされる理由を知ろう

繰延資産の定義は、以下のとおりです。

- ・すでに対価の支払いが完了しているか、または、支払義務が確定し、
- ・これに対応する役務の提供を受けたにもかかわらず、
- ・その効果が将来にわたって発現すると期待されるため、
- ・その支出額を効果が及ぶ将来の期間の費用として合理的に配分するために、経過的に貸借対照表に資産として計上された項目

　役務（サービス）の提供を受けた場合には、その時点で役務を消費してしまいます。したがって、通常、役務に対する支払いは、役務の提供を受けた時点の費用（コスト）と扱われます。

　しかし、支出の効果（支出によって得られる稼ぎ）が将来にわたって現れることも考えられます。このような場合に、支出のすべてを一時の費用としてしまうと、支出と効果が期間的に対応しなくなります。すると、1期間の経営成績（どれだけもうけたか）を、正しく計算することができません。

　そこで、役務の提供に対する支出額のうち、効果が将来にわたって現れるものについては、支出額をいったん**資産（繰延資産）として計上**し、効果の及ぶ各期間の費用として配分するという手続きがとられるわけです。

第1章

第2章

第3章

第4章

第5章

第6章

2．主な繰延資産の内容を理解しよう

主な繰延資産の内容は、次のとおりです。

●**創立費**… 会社を設立するためにかかる費用です。

●**開業費**… 会社の設立後、営業を開始するまでの開業準備のためにか
かる費用です。

●**開発費**… 新技術の採用、新経営組織の採用、資源の開発、市場の開
拓などのためにかかる費用です。

◎契約資産 ・・・ 収益認識の会計基準上の概念

26ページの定義を読んでもわかりにくいですね。工事などの請負
契約で、たとえば、完成まで3年かかる工事で、代金は工事完成後に
3,000,000円一括で決済するというケースで考えてみます。

1年目の決算では収益を1,000,000円認識しますが、まだ請求権があ
るわけではないため、売掛金は計上できません。そこで、契約資産とい
う科目で処理しておきます。2年目も同様です。3年目に完成し、顧客
に引き渡しを行い、請求書を発行した段階で契約資産から売掛金に振り
替える処理を行います。

請求権（法的債権）を有するものが売掛金、請求権ではないがそれに準
ずる権利が契約資産と考えればよいでしょう。

◎子会社、関連会社、関係会社 ・・・ 子会社と関連会社の総称が関係会社

子会社は、以下のような事情により、他の会社に自社の意思決定機関（株
主総会など）を事実上支配されている会社をいいます。

　◦ 議決権の50%超を保有されている。

　◦ その会社から派遣された取締役が取締役会の過半を占める。

関連会社は、以下のような事情により、他の会社が、その会社の財務や
営業の方針に対して重要な影響を与えることができる会社をいいます。

　◦ 議決権の20%以上を保有されている。

　◦ 出資・人事・資金・取引などを通じて影響がある。

ただし、以上についての正確な定義は複雑なので、出題頻度は高くない
と考えてよいでしょう。

👆検定対策

▶検定試験では、繰延資産の定義について、空欄補充により問われる可
能性も考えられます。しっかりおさえておきましょう。

9 負債とは

> **Point**
> - 負債 … 流動負債と固定負債から構成される。主な項目について、それぞれの負債が、どちらに属するかという点に注意すること。
> - 引当金 … 定義および貸借対照表に表示される 4 つの条件について、おさえておくこと。

1．負債の構成を理解しよう

　負債とは、その企業が、将来、財貨・サービスを引き渡す義務のことをいいます。

　正常営業循環基準とワンイヤールールによって、**流動負債**と**固定負債**に区分されます（第 2 章 2 **図表 2-4** を参照してください）。

① 流動負債の内容

　主な流動負債について、貸借対照表の記載順にみていきましょう。

- ●**支払手形**…………… 仕入代金を手形で支払ったことによる債務です。
- ●**買掛金**……………… 仕入代金の未払額です。仕入以外の取引によるものは、「未払金」として別に表示されます。
- ●**契約負債**…………… 財またはサービスを顧客に移転する前に、顧客から対価を受け取ったときまたは受け取る期限が到来したときのいずれか早い時点で顧客から受け取る対価です。通常は、前受金として貸借対照表に計上されます。
- ●**電子記録債務**……… 仕入代金のうち、電子債権記録機関（でんさいネット）を通じて支払うものです。
- ●**短期借入金**………… ワンイヤールールにより、**決算日から 1 年以内**に返済期日が到来するものです。
- ●**未払金**……………… 仕入以外の取引から生まれた代金の未払額です。
- ●**1 年以内償還の社債**… 社債とは、自社が社債券を発行して資金を調達したことによる債務です。社債のうち、**決算日から 1 年以内**に償還期限が到来するものが該当します。
- ●**未払費用**…………… 継続してサービスの提供を受ける場合に、すでに提供を受けたサービスに対する未払額です。
- ●**未払法人税等**……… 法人税、住民税及び事業税などの未払額です。

第1章

第2章

第3章

第4章

第5章

第6章

●**前受金**……………商品販売のさいに、引渡し前に受け取った代金です。

●**預り金**……………従業員の給料から天引きした社会保険料など、第三者に支払うことを前提に預かった金額です。

●**前受収益**…………継続してサービスの提供を行う場合に、まだサービスを提供していない期間について受け取った代金です。

●**製品保証引当金**……将来の製品保証（アフターサービス）のための支出に備えて、今後、支出が必要になると見込まれる金額を負債として表示したものです。

●**賞与引当金**…………将来の賞与の支給に備えて、支給が見込まれる金額のうち、その期に対応する部分を負債として表示したものです。

② 固定負債の内容

主な固定負債の内容は、次のとおりです。

●**社債**………………社債のうち、**決算日から1年を超えて**償還期限が到来するものです。

●**長期借入金**………借入金のうち、決算日から1年を超えて返済期限が到来するものです。

●**退職給付引当金**…従業員に対する将来の退職給付（退職一時金、退職年金など）の支払いに備えて、その期までに対応する部分です。

●**繰延税金負債**……税効果会計（第3章8参照）の適用によって、貸借対照表に負債として表示されるものです。

2．引当金の4つの条件を知ろう

引当金とは、①将来に、費用または損失が発生する可能性があり、②その原因が、当期またはそれ以前に存在する場合に、可能性を見積って負債として貸借対照表に表示するものです。

貸借対照表に、引当金を負債として表示するには、以下の4つの条件を満たしていることが必要です。

・将来の特定の費用または損失に関するものであること
・費用または損失の発生の原因が、当期以前の事象であること
・費用または損失の発生の可能性が高いこと
・金額の合理的な見積りが可能であること

10 純資産とは

> **Point**
> - 純資産 … 株主資本、評価・換算差額等、株式引受権、新株予約権の4つの区分から構成される。返済不要であり、一般的には自己資本と呼ばれる。
> - 株主資本 … 貸借対照表の表示上は、資本金、資本剰余金、利益剰余金、自己株式から成る。性質からは、払込資本と留保利益の2つの要素に分けられる。
> - 自己株式 … 株主資本のマイナス項目として表示される。

1．純資産の構成を理解しよう

　純資産は、資産と負債の差額です。**図表 2-10** に示すように、**株主資本**、**評価・換算差額等**、**株式引受権**、**新株予約権**の4つに分類されます。

図表 2-10　純資産の構成

	負債の部		
資産の部	純資産の部	株主資本	資本金 資本剰余金 利益剰余金 自己株式
		評価・換算差額等	その他有価証券評価差額金 繰延ヘッジ損益 土地再評価差額金
		株式引受権	
		新株予約権	

2．株主資本の内容を理解しよう

①　株主資本の貸借対照表の表示上の区分

　株主資本は、純資産のうち株主に帰属する部分です。具体的には、株主が出資した部分（**資本金**、**資本剰余金**）と、その出資を元手に

して会社が稼いで増やした部分（**利益剰余金**）から構成されます。

　また、**自己株式**は、会社が過去に株主からの出資を受けて発行した株式を会社自身が買い取るなどして保有しているものです。実質的に出資の払戻しと考えられるため、株主資本の部のマイナス項目として表示されます。巻末資料の貸借対照表（177ページ）で、実際の表示を確認してください。

② **株主資本の性質上の区分**

　貸借対照表で表示する名称とは別に、株主資本のうち株主が出資した部分のことを**払込資本**といい、払込資本を元に増やした部分を**留保利益**ということがあります。また、自己株式は**金庫株**といわれることがあります。

3．評価・換算差額等の内容を理解しよう

　資産や負債のなかには、決算時の時価で貸借対照表に表示されるものがあります。このとき、会計のルールでは、当初の取得原価と時価の差額について、当期のもうけ（またはロス）として損益計算書に含める場合と、含めない場合があります。

　当期のもうけに含められる場合には、それだけ利益剰余金が増えることになりますが、**損益の計算に含めないものは評価・換算差額等**として表示されます。なお、評価・換算差額等の金額は、プラスとなる場合もマイナスとなる場合もあります。

4．株式引受権、新株予約権の内容を理解しよう

　株式引受権は、業績目標など一定の条件を達成した場合に、取締役の報酬等として金銭の払込みなどを要しないで自社株式を受け取れる権利です。主に、上場企業で利用されています。株式引受権の保有者は、まだ株主ではないため株主資本とは区分して表示されます。

　新株予約権は、その会社から**株式の発行を受けることができる権利**です。ストックオプション（会社の役員や従業員が、一定期間内

第1章
第2章
第3章
第4章
第5章
第6章

にあらかじめ決められた価格で自社株式を購入できる権利）もこれにあたります。株式の対価とは別に、会社はこの権利自体を有償で発行することができます。

新株予約権の対価として会社に払い込まれたものは、株式の対価としての払込み（株主資本の資本金・資本剰余金）とは区分して、新株予約権として表示されます。

◎資本金・・・出資による払込み額の関係

株主から会社へ出資された金額は、会社にとって事業を行う元手となるお金であり、資本金とされます。会社法では、資本金が容易に減額されたり払戻しされたりしないよう、一定の要件を定めています。これは、会社に一定の財産を維持させることで債権者を保護しようという考え方によるものです。

ただし、出資された全額について、厳しい要件を課すことは、会社の資金調達や運用のうえでは機動的ではありません。そこで、会社法では、減額・払戻し等について緩やかな扱いができるよう、出資された金額の一部については、資本金ではなく、資本準備金とすることを認めています。具体的には、出資の2分の1を超えない額について資本準備金とすることができます。

貸借対照表では、資本準備金は資本剰余金の内訳項目として表示されています。

☝検定対策

▶検定試験では、引当金の定義や、貸借対照表に表示される4つの条件について問われる可能性が考えられます。しっかりおさえましょう。

▶対策として、主なものに、製品保証引当金、賞与引当金、退職給付引当金があることをおさえておきましょう。

▶評価・換算差額の内訳項目のそれぞれの内容については、複雑であるため直接問われることは少ないと考えられます。

▶検定対策としては、合計や差引による逆算から純資産や各項目の金額を計算させる問題に対応できるよう、図表2-10の構成をおさえておきましょう。

理解度チェックと解答・解説
理解度チェック

第1章

第2章

第3章

第4章

第5章

第6章

次の記述のうち、適切と思われるものは○に、不適切と思われるものは×に、それぞれ丸を付けなさい。

1. 貸借対照表には、資金の調達源泉である負債および純資産と、その資金の運用形態である資産が表示される。 (O ×)

2. 勘定式の貸借対照表の左側には、資金の調達源泉である負債と純資産が、右側にはその資金の運用形態である資産が示される。

(O ×)

3. 貸借対照表では、資産合計−負債合計＝純資産合計という関係が成り立つ。 (O ×)

4. 資産、負債および純資産は、総額によって表示することを原則とする。

(O ×)

5. 固定資産は、有形固定資産、無形固定資産および投資その他の資産に分類される。 (O ×)

6. 貸借対照表における負債は、流動負債、固定負債および繰延負債に区分して表示される。 (O ×)

7. 貸借対照表では、資産項目も負債項目も一般に固定性配列法によって配列される。 (O ×)

8. 資産と負債を、流動と固定に分類する基準には正常営業循環基準とワンイヤールールがあり、ワンイヤールールが優先して適用される。 (O ×)

9. 決算日の翌日から起算して1年を超えて保有する予定の棚卸資産は、固定資産に分類される。 (O ×)

10. 決算日の翌日から起算して1年以内に返済期限の到来する借入金は、正常営業循環基準によって流動負債に区分される。 (O ×)

11. 売買目的有価証券は、流動資産に分類される。 (O ×)

12. 長期前払費用は、固定負債に区分される。 (O ×)

13. 事業用資産は、原則として取得原価で評価される。取得原価には、客観的で、信頼性が高いという長所がある。　　　　　（○　×）

14. 余剰資金の運用のために保有される資産を金融資産といい、原則として取得原価で評価される。　　　　　　　　　　　（○　×）

15. 売買目的有価証券は、時価で評価される。　　　　　（○　×）

16. 減価償却の方法の１つである定額法は、取得原価から減価償却累計額を控除した額を耐用年数にわたって毎期均等に減価償却費として配分する方法である。　　　　　　　　　　　　　（○　×）

17. 個別の貸借対照表において純資産は、株主資本、評価・換算差額等、および新株予約権に区分表示される。　　　　　（○　×）

18. 株主資本は、資本金、資本剰余金、利益剰余金の合計から自己株式を控除した額である。　　　　　　　　　　　　　（○　×）

解答・解説

番号	解答	解　　説
1	O	負債および純資産は資金の調達源泉（どこから調達したか）を、資産は調達した資金の運用形態（どのように運用しているか）を示しています。
2	×	勘定式の貸借対照表の左側には資産が、右側には負債および純資産が、それぞれ示されます。貸借対照表の様式として、勘定式と報告式の2つがあることもおさえておきましょう。
3	O	「資産合計＝負債合計＋純資産合計」ともいえます。この関係は、計算問題でも問われる可能性があります。確実におさえておきましょう。
4	O	総額主義に関する記述です。資金の調達源泉と運用形態を正しく示すために、相殺せず総額で表示することを原則としています。
5	O	貸借対照表の各項目の内訳の構成は、小問で正誤を問うほかにも、総合問題で貸借対照表の空欄に項目名を補充させたり、特定の項目の金額を逆算により算出させる出題が考えられます。確実におさえましょう。
6	×	負債は、流動負債と固定負債から構成されます。繰延負債という項目はありません。
7	×	日本の現在の会計慣行では、資産、負債ともに流動性配列法によるのが一般的です。流動性配列法は、資金化されやすいものから順に貸借対照表に記載する方法です。
8	×	まず、正常営業循環基準を適用したあと、ワンイヤールールが適用されます。いずれかの基準に該当すれば、流動資産・流動負債となりま。
9	×	棚卸資産は商品・製品などのように販売を目的として保有するもので、営業循環の過程にある資産であるため、流動資産に該当します。
10	×	借入金は営業循環の過程にはないので、ワンイヤールールにより流動・固定の区分を判定します。返済期日が決算日の翌日から起算して1年以内であれば、流動負債に該当します。

第1章
第2章
第3章
第4章
第5章
第6章

解答・解説

番号	解答	解　説
11	O	有価証券については、保有目的によって貸借対照表での表示区分が異なります。それぞれについて、おさえておきましょう。
12	×	長期前払費用は、<u>固定資産（投資その他の資産）</u>の項目です。それぞれの資産・負債が、貸借対照表のどの区分に属するか、確実におさえましょう。
13	O	本来の企業活動に利用される資産を事業用資産といいます。取得原価は過去の実際の支出額を基礎とする点で、客観性が高いといわれます。
14	×	余剰資金の運用のために保有される資産を金融資産といい、原則として時価で評価されます。時価は、取得原価のような客観性はないものの、期末時点の価格を反映できる点に長所があります。
15	O	有価証券は、保有目的によって表示区分（流動・固定）だけでなく、評価の方法（時価・取得原価）も異なります。売買目的有価証券は、余剰資金の一時的な運用であるため、時価で評価されます。
16	×	定額法では、取得原価から残存価額を控除した額を耐用年数にわたって配分します。減価償却累計額は、これまでに各期の費用（減価償却費）として配分された額の累計をいいます。「取得原価－減価償却累計額＝帳簿価額」の関係が成立します。定額法に対して、定率法では、帳簿価額に対して毎期一定割合の金額を減価償却費とすることも、おさえておきましょう。
17	O	企業集団（グループ会社)全体の財政状態を表す連結貸借対照表に対して、ある1つの企業を対象とするものを個別貸借対照表ということがあります。設問でいう「個別」とは、個別貸借対照表をさしています。連結財務貸借対照表の純資産の部には他の項目も含まれますが、3級試験対策としては個別の貸借対照表を前提として、株主資本、評価・換算差額等、新株予約権、株式引受権の4つの区分から構成されると理解しておけばよいでしょう。
18	O	自己株式は自社が発行した株式を会社自身が買い取ったものであり、実質的な出資の払戻しといえます。純資産の部のうち、株主資本の控除（マイナス)項目として表示されます。

第3章

損益計算書の理解

1　損益計算書のしくみ①

> **Point**
> - 損益計算書 … 企業の一定期間の経営成績を表す。貸借対照表が、一定時点の財政状態を表すことと対比しておさえること。
> - つねに、「利益（損失）＝収益－費用」の関係が成立する。
> - 損益計算書が表す利益 … 収益・費用を区分して、5段階の利益を示している。それぞれの利益の構成と意味を理解すること。

1．収益・費用と利益の関係を理解しよう

① 損益計算書とは

損益計算書（P/L）は、企業の**一定期間**の**経営成績**を示す計算書です。損益計算書が示す経営成績とは、企業がその期間の活動によりどれだけもうけたかということを意味し、期間損益計算といいます。会計では、もうけのことを**利益**といいます。

② 収益・費用と利益（損失）の関係

利益は、**図表 3-1** のとおり、**収益**（活動によって稼いだ金額）と**費用**（稼ぎを得るために必要となった金額）の差額として計算されます。

図表 3-1　収益・費用と利益・損失の関係

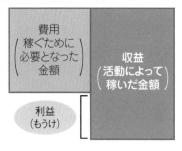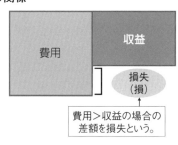

2. 損益計算書の構成を理解しよう

　図表 3-2 は、巻末資料の損益計算書（178 ページ）を要約したものです。

　収益は、**売上高、営業外収益、特別利益**の項目に、費用は、**売上原価、販売費及び一般管理費、営業外費用、特別損失**に区分されていることがわかります。

　このように、損益計算書では、収益と費用を区分して記載することで、利益がどのような種類の活動によって生み出されたのか、利益を獲得した過程を明らかにしています。

図表 3-2　損益計算書の構成　　　　　（単位：百万円）

項目		金額	
売上高	（収益）	115,718	①
売上原価	（費用）	92,332	②
売上総利益		**23,386**	③＝①－②
販売費及び一般管理費	（費用）	11,877	④
営業利益		**11,509**	⑤＝③－④
営業外収益	（収益）	2,147	⑥
営業外費用	（費用）	481	⑦
経常利益		**13,175**	⑧＝⑤＋⑥－⑦
特別利益	（収益）	2,591	⑨
特別損失	（費用）	215	⑩
税引前当期純利益		**15,551**	⑪＝⑧＋⑨－⑩
法人税、住民税及び事業税		4,746	⑫
法人税等調整額		△204	⑬※
当期純利益		**11,009**	⑭＝⑪－（⑫＋⑬）

※△はマイナスを意味する。

　⑬（法人税等調整額）は⑫（法人税、住民税及び事業税）に対する調整の項目である。したがって、⑭（当期純利益）は、15,551 －（4,746 － 204）＝ 11,009（百万円）となる。

2 損益計算書のしくみ②

Point
- 損益計算書の構造 ··· 収益・費用の各項目と、5段階の利益の関係について理解すること。
- 損益計算書の様式 ··· 貸借対照表と同様に、勘定式と報告式の2つの様式がある。

1．損益計算書の5段階の利益の関係を理解しよう

　損益計算書では、収益と費用とを種類別・原因別に区分することで、企業が獲得した利益を段階的に示しています。

　それぞれの詳しい内容については、第3章4以降で解説しますが、まずは、第3章1の**図表3-2**を参照しながら簡単にみておきましょう。

①売上総利益

売上総利益　＝　売上高　－　売上原価

　商品等を仕入れ、販売することで得られる**利ざや**を示しています。

②営業利益

営業利益　＝　売上総利益　－　販売費及び一般管理費

　販売活動や事務管理のためのコストを加味したものです。**本業による利益**を示しています。

③経常利益

経常利益　＝　営業利益　＋　営業外収益　－　営業外費用

　資金の調達や資金の運用など、本業以外で行われる活動による収益と費用を加味したものです。資金運用・資金調達を含めた**経営努力を示す利益**です。

④税引前当期純利益

税引前当期純利益　＝　経常利益　＋　特別利益　－　特別損失

　固定資産の売却など、経常的でない取引や事象による影響を加味した利益を示します。

⑤ **当期純利益**

当期純利益 ＝ 税引前当期純利益 － （法人税等(※) ＋ 法人税等調整額）
(※)法人税、住民税及び事業税

課税負担後の**最終的な利益**を示します。

2．損益計算書の様式を理解しよう

損益計算書の様式についても、貸借対照表と同様に、**勘定式損益計算書**と**報告式損益計算書**の2つがあります。

勘定式と呼ばれるものは、収益を左側に、費用を右側に配置して、対照表示しています。

これに対して、報告式と呼ばれるものは、売上高→売上原価というように、収益・費用を発生原因別に、上から順に表示します。

一般的には、報告式が用いられることがほとんどです。

なお、報告式の損益計算書の例を巻末（178ページ）に掲載していますので、参考にしてください。

◎貸借対照表と損益計算書の様式の違い・・・会社法と金融商品取引法

第1章で述べたとおり、会社法と金融商品取引法とでは、財務諸表の様式が異なっています。一般的には、表示項目の細かさや、財務諸表への注記（付記が求められる事項）の多さという点で、金融商品取引法にもとづく財務諸表のほうが、より詳細な開示がなされています。

ビジネス会計検定試験3級では、会社法と金融商品取引法の様式の違いについて、具体的な内容は扱われていません。そこで、本書（第2章、第3章、巻末資料）も、会社法ベースでの開示を想定した記載を行っています。

🖐**検定対策**

▶検定試験では、損益計算書の項目名の穴埋めをさせたり、条件を与えて損益計算書の特定の項目の金額を計算させたりする形式で出題される可能性があります。

▶どの形式で問われても対応できるようにしましょう。

3 損益計算のルール

> **Point**
> - 損益計算の３つのルール … 実現主義の原則、発生主義の原則、費用収益対応の原則の３つがある。それぞれの内容と、何の計上に関するルールであるかをおさえること。
> - 費用収益対応の考え方 … 個別的対応、期間的対応の２つを理解すること。

１．損益計算の考え方を理解しよう

　損益計算書は、企業の活動を一定期間に区切って計算します。しかし、実際の企業の活動は、会計期間にかかわらず継続して行われています。

　収益や費用をいつ計上し、どの期間に割り当てるか（期間帰属）について、**図表 3-3** に示す３つのルールがあります。

図表 3-3　損益計算の３つの原則

原則	内容
実現主義の原則	**収益をいつ計上するかに関するルール** 対価の受取りが確実になった時点で収益を計上する。
発生主義の原則	**主に費用の計上に関するルール** 財貨・サービスを使って経済価値を消費した時点で費用を計上する。
費用収益対応の原則	**収益・費用の期間帰属に関するルール** 収益は実現主義にもとづいて計上し、これに対応する費用を発生主義により計上する。

① **実現主義の原則**

　実現主義の原則は、収益を実現基準により計上するというルールです。

　対価の受取りが確実になった時点ではじめて収益が生まれるという考え方を、**実現基準**といいます。一般的には、商品を引き渡した時点で代金を請求する権利が生まれ、対価の受取りが確実になると

考えられます。このため、**販売基準**ということもあります。

② **発生主義の原則**

発生主義の原則は、費用を発生基準により計上するというルールです。経済的価値が獲得された時点で収益が生まれ、経済的価値が消費された時点で費用が生まれるという考え方を、**発生基準**といいます。この獲得・消費のことを発生と呼んでいます。

③ **費用収益対応の原則**

損益計算書が、期間の利益を正しく示すには、獲得した収益と、収益のために必要となった費用が、対応して計上されている必要があります。そこで、費用収益対応の原則という期間帰属のルールが設けられています。

費用収益対応の原則から、収益・費用は以下のように計上されます。

・収益を実現主義により計上する。
・収益に対応する費用を発生主義により計上する。

費用収益対応の原則は、「実現した収益」に「発生した費用」を対応させて損益計算を行うルールであるということもできます。

2．費用収益対応の考え方を理解しよう

費用収益対応については、**図表 3-4** に示すとおり個別的対応と期間的対応の2つの考え方があります。

図表 3-4　費用収益対応の2つの考え方

考え方	内容
個別的対応	収益と費用の対応関係が個別的にわかるもの 商品の販売に関する売上と売上原価の関係など。
期間的対応	個別の関係や直接的な関係ではないが、期間的に対応しているもの 売上高と販売費及び一般管理費の関係など。

損益計算により経営成績を正しく示すためには、いずれの面からも収益・費用の対応が図られる必要があります。

4 売上総利益

- 売上総利益 … 「売上高 － 売上原価」により計算される。
- 売上原価 … 販売した部分に対応する金額であり、商品の仕入高や製品の製造原価そのものとは一致しない。
- 売上原価（商業の場合）… 「売上原価 ＝ 期首商品棚卸高 ＋ 当期商品仕入高 － 期末商品棚卸高」の関係が成立する。
- 売上原価（製造業の場合）… 「売上原価 ＝ 期首製品棚卸高 ＋ 当期製品製造原価 － 期末製品棚卸高」の関係が成立する。

1．売上総利益の構成を理解しよう

　売上総利益は、売上高から売上原価を差し引いた利益です。

　売上高は、その期間に販売したり提供したもの（商品、製品、サービスなど）の代金の総額です。

　また、**売上原価**は、商品の仕入れや製品の製造にかかった製造原価のうち、その期間に販売された部分に対応する金額をさします。

　したがって、売上総利益は、商品等の販売による利ざやを表しています。

図表 3-5　売上高、売上原価と売上総利益の関係

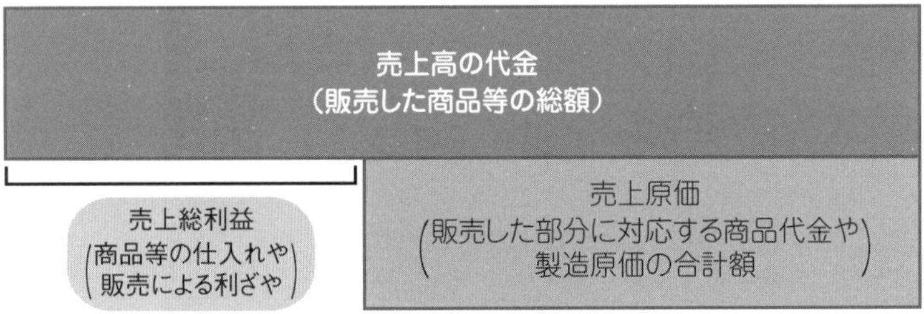

売上高の代金
（販売した商品等の総額）

売上総利益
（商品等の仕入れや
販売による利ざや）

売上原価
（販売した部分に対応する商品代金や
製造原価の合計額）

2. 売上原価の計算の方法を理解しよう

1で述べたように、売上原価とは、商品の仕入れや製品の製造原価の金額のうち、その期間に販売した部分に対応する金額です。

売上原価は、商業（小売業や卸売業）と製造業では項目が異なります。

図表 3-6　売上原価の計算

①商業の場合

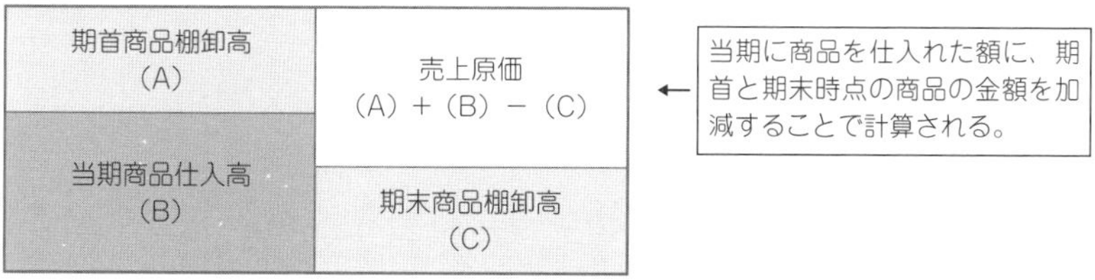

期首商品棚卸高 （A）	売上原価 （A）＋（B）－（C）
当期商品仕入高 （B）	期末商品棚卸高 （C）

← 当期に商品を仕入れた額に、期首と期末時点の商品の金額を加減することで計算される。

②製造業の場合

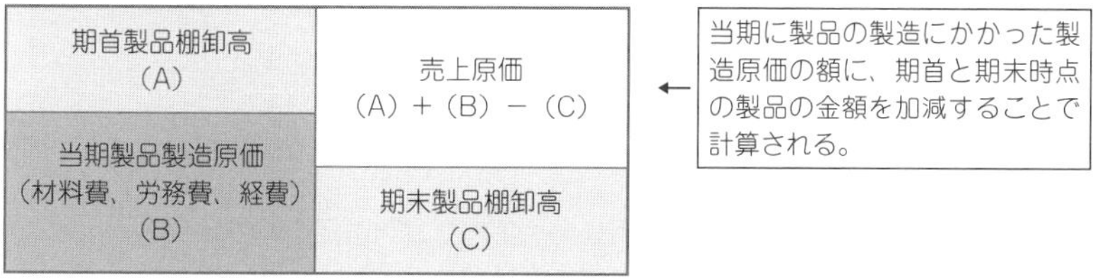

期首製品棚卸高 （A）	売上原価 （A）＋（B）－（C）
当期製品製造原価 （材料費、労務費、経費） （B）	期末製品棚卸高 （C）

← 当期に製品の製造にかかった製造原価の額に、期首と期末時点の製品の金額を加減することで計算される。

🖐️検定対策

▶売上総利益は、一般には粗利益（あらりえき）と呼ばれることもあります。検定試験では、どちらの表現で指示されてもわかるようにしておきましょう。

▶検定試験では、条件を与えて金額を計算させる形式で問われる可能性があります。

▶売上原価の計算方法については、商業の場合と製造業の場合それぞれをしっかりおさえましょう。

5 営業利益

> **Point**
> ●営業利益 ⋯ 「売上総利益　−　販売費及び一般管理費」により計算される。
> ●販売費及び一般管理費の内容 ⋯ どのようなものが販売費及び一般管理費に該当するか、判断できるようにしておくこと。

1．営業利益の構成を理解しよう

　営業利益は、売上総利益から**販売費及び一般管理費**を差し引いた利益です。

　販売費及び一般管理費は、販売や事務にかかる経費の総称です。

　商品等の販売による利ざやである売上総利益から、販売や事務にかかる経費を差し引いたものであるため、営業利益は、本業による利益を表しているといえます。

図表 3-7　売上総利益、販売費及び一般管理費と営業利益の関係

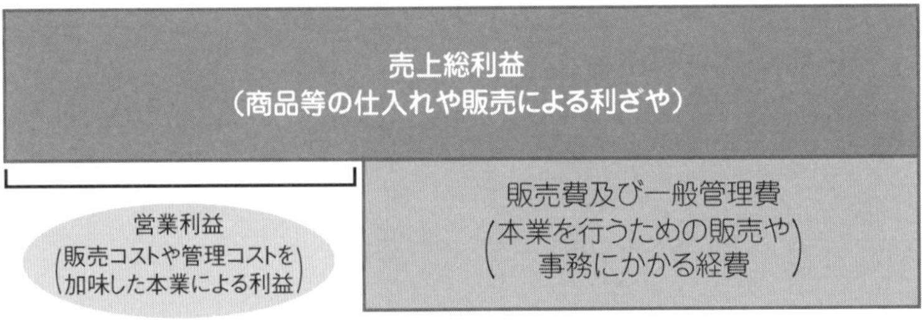

売上総利益
（商品等の仕入れや販売による利ざや）

営業利益
(販売コストや管理コストを加味した本業による利益)

販売費及び一般管理費
(本業を行うための販売や事務にかかる経費)

2．販売費及び一般管理費の内容を理解しよう

　販売費及び一般管理費は、広く販売・管理活動にかかわる経費です。**図表 3-8** のとおり、非常に多くのものから構成されています。

図表 3-8　販売費及び一般管理費の例

・広告宣伝費	・旅費交通費
・販売手数料	・租税公課（＊3）
・荷造運賃	・減価償却費（＊4）
・貸倒引当金繰入額（＊1）	・研究開発費
・人件費（給料、賞与、役員報酬）	・不動産賃借料
・退職給付費用（＊2）	・保険料
・福利厚生費	・通信費
・交際費	・水道光熱費

（＊1）売掛金、受取手形などの債権のうち、回収不能と見込まれるものを費用として計上した
　　　もの。
（＊2）退職金などにかかる費用。
（＊3）固定資産税や登録免許税などの税金。下記のコラム参照。
（＊4）第2章7参照。

　なお、**重要性の原則**（第2章3参照）により、実際の損益計算書
では、主要なもの以外は集約して表示されています。

◎**税金の表示・・・「租税公課」と「法人税、住民税及び事業税」**

企業が負担する税金には、大きく以下の2つに分かれます。
①企業のもうけに応じて課税されるもの
②企業のもうけによらず課税されるもの
　損益計算書上、①は、最終的な利益と対比するため、税引前当期純利
益の後に、「法人税、住民税及び事業税」として示されます。また、②に
ついては、利益水準とはかかわりなく課税されるため、販売費及び一般
管理費の区分に「租税公課」として示されることになっています。

検定対策

▶検定試験では、販売費及び一般管理費について、資料のなかから該当
　するものの合計額を計算させる問題が出題される可能性があります。

▶資料で与えられた各項目が、損益計算書のどの区分に該当するもので
　あるか、判別できるようにおさえましょう。

6 経常利益

> **Point**
> ● 経常利益 ⋯ 「営業利益 ＋ 営業外収益 － 営業外費用」により計算される。
> ● 営業外収益・営業外費用の内容 ⋯ どのようなものが営業外収益、営業外費用に該当するか、判断できるようにしておくこと。

1．経常利益の構成を理解しよう

　経常利益は、営業利益に営業外収益を加え、営業外費用を差し引いた利益です。

　企業の活動には、商品の販売などの本業以外にも、継続的に行われているものがあります。たとえば、必要な資金の調達や、余った資金の運用といった財務活動などが該当します。

　このような本業以外で継続的に行われる活動から得られる収益を**営業外収益**といい、かかった費用を**営業外費用**といいます。

　経常利益は、企業の本業による利益である営業利益に、財務活動などによる収益と費用を加減したものです。このため、経常利益は、会社の経営努力を示すものとして、一般的にもっとも重視されている利益となっています。

図表 3-9　営業利益、営業外収益・営業外費用と経常利益の関係

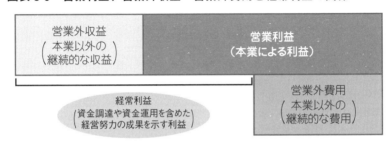

2．営業外収益の内容を理解しよう

主な営業外収益の内容は、次の①～⑥のとおりです。

①**受取利息**…………… 預貯金の利息や貸付金の利息です。
②**有価証券利息**…… 保有する有価証券について受け取る利息です。
③**有価証券売却益**… 売買目的の有価証券を売却したさいの利益です（売買目的有価証券については第2章5を参照してください）。
④**有価証券評価益**… 保有する売買目的の有価証券について、決算時の時価が簿価よりも上昇した場合の差額です（売買目的有価証券については第2章5を参照してください）。
⑤**受取配当金**……… 保有する株式にかかる配当金の受取額です。
⑥**雑収入**…………… ①～⑤以外の収益で、少額であり、かつ、区分して表示するだけの重要性が低いものをまとめたものです。

3．営業外費用の内容を理解しよう

主な営業外費用の内容は、次の①～⑤のとおりです。

①**支払利息**………… 借入れにともなう利息です。
②**社債利息**………… 自社が発行する社債に対して支払う利息です。
③**有価証券売却損**…… 売買目的の有価証券を売却したさいに生じた損失です（売買目的有価証券については第2章5を参照してください）。
④**有価証券評価損**…… 保有する売買目的の有価証券について、決算時の時価が簿価よりも下落した場合の差額です（売買目的有価証券については第2章5を参照してください）。
⑤**雑支出(雑損失)**…… ①～④以外の費用で、少額であり、かつ、区分して表示するだけの重要性の低いものをまとめたものです。

第1章
第2章
第3章
第4章
第5章
第6章

検定対策

▶検定試験では、営業外収益・営業外費用の内容について、損益計算書の「科目の穴埋め」や、該当するものを当てはめて「経常利益を計算させる」などの出題が考えられます。

▶営業外収益、営業外費用にそれぞれどのようなものが該当するか、経常利益の構成とあわせておさえておきましょう。

55

7 税引前当期純利益

> **Point**
> ● 税引前当期純利益 … 「経常利益 ＋ 特別利益 － 特別損失」により計算される。
> ● 特別利益・特別損失の内容 … どのようなものが特別利益、特別損失に該当するか、判断できるようにしておくこと。営業外収益・営業外費用に該当する項目と混同しないよう注意すること。

1．税引前当期純利益の構成を理解しよう

　税引前当期純利益は、経常利益に特別利益を加え、特別損失を差し引いた利益です。

　特別利益は、臨時的に発生した利益をいい、**特別損失**は、臨時に発生した損失をいいます。

　税引前当期純利益は、その期間の経営努力の成果を示す経常利益に、臨時の要因による利益と損失を加減したものです。このため、税引前当期純利益は、法人税等の課税負担を考慮する前段階で、その期間の会社のもうけを表す利益となっています。

図表 3-10　経常利益、特別利益・特別損失と税引前当期純利益の関係

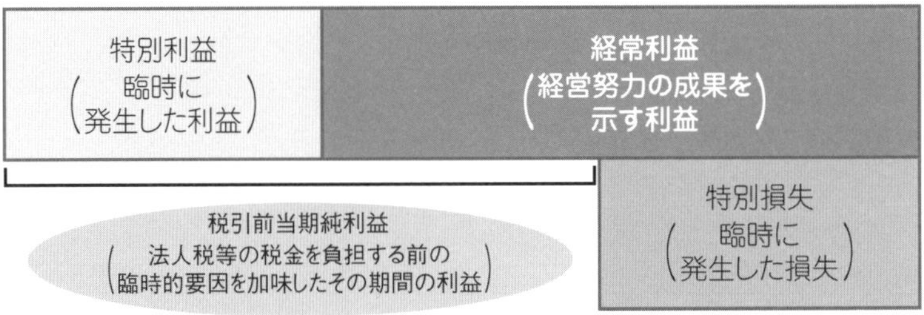

2. 特別利益の内容を理解しよう

主な特別利益の内容は、次のとおりです。

●**固定資産売却益**……… 固定資産を売却して得た利益です。

●**投資有価証券売却益**… 売買目的以外の有価証券を売却した場合に得られた利益です（売買目的有価証券については第2章5を参照してください）。

3. 特別損失の内容を理解しよう

主な特別損失の内容は、次のとおりです。

●**固定資産売却損**……… 固定資産を売却して生じた損失です。

●**投資有価証券売却損**… 売買目的以外の有価証券を売却して生まれた損失です（売買目的有価証券については第2章5を参照してください）。

●**減損損失**……………… 固定資産などの市場価値や利用価値が大幅に減少したことによる評価損です。

●**災害損失**……………… 火災、地震などの災害による損失です。

第1章
第2章
第3章
第4章
第5章
第6章

◎有価証券の表示・・・保有目的と売却損益・評価損益の区分

有価証券は、保有目的などによって、貸借対照表での表示区分が「有価証券」と「投資有価証券」に区分されます（第2章5参照）。

損益計算書上の表示についても、売却益・売却損や評価益・評価損の表示が、一般的に、以下のように区分されます。

①有価証券については、<u>営業外収益・営業外費用</u>として表示される。

②投資有価証券については、<u>特別利益・特別損失</u>として表示される。

なお、有価証券の保有により受け取る利息（有価証券利息）については、経常的に発生することから、保有目的にかかわらず営業外収益とするのが一般的です。

8 当期純利益

●当期純利益 …「税引前当期純利益　−　（法人税、住民税及び事業税　＋　法人税等調整額）」の関係が成立する。

1．当期純利益の構成を理解しよう

　当期純利益は、税引前当期純利益から利益に見合う税額を差し引いた利益です。**法人税、住民税及び事業税**の金額に、**法人税等調整額**を加減した税額を差し引きます。

　当期純利益は、法人税等の課税負担も反映した、その期間の最終的な利益を表しています。

2．法人税等の内容を理解しよう

　法人税は、企業の所得（＝税法上規定される利益）の金額にもとづいて税額が算出されます。住民税と事業税も、所得や法人税の金額に応じて課税されます。法人税、住民税及び事業税をあわせて、法人税等ということもあります。

　損益計算書では、法人税、住民税及び事業税については、販売費及び一般管理費に含めずに、税引前当期純利益から差し引くことにしています（第３章５コラムを参照してください）。

3．法人税等調整額の内容を理解しよう

①　法人税等の税額

　法人税等は、税法の規定により、損益計算書の当期純利益に加減を行って課税所得を計算し、税率を適用することで算出されます。このように、加減する項目があるため、法人税等の金額は、損益計算書の税引前当期純利益には対応しません。

　そこで、損益計算書上の税負担額を、税引前当期純利益に対応するように調整するための会計処理（**税効果会計**）が行われます。

②　税効果会計と法人税等調整額

　法人税等調整額は、税効果会計を適用することにより、損益計算書での税負担額を調整する項目です。

　図表 3-11 のように、加算・減算の結果、税引前当期純利益より課税所得が大きくなる場合には、税引前当期純利益に対して、法人税等の負担は、加算・減算部分にかかる税額分だけ大きくなっています。

　そこで、その分を法人税等調整額として法人税等の額から控除すれば、税引前当期純利益に対応した税負担を反映して当期純利益を計算することができるわけです。

図表 3-11　税引前当期純利益、法人税等、法人税等調整額と当期純利益の関係

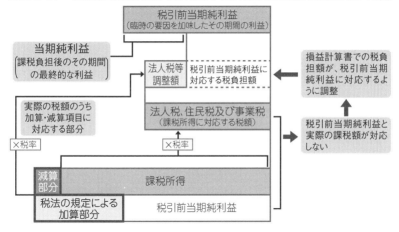

◎税効果会計が適用される場合 … 貸借対照表での表示

　税効果会計を適用すると、①損益計算書で税引前当期純利益から差し引かれる税額と、②実際にかかった税額は相違します。

　①＞②の場合は、その差額は翌期以降に払わなければならないものなので、貸借対照表では負債の部に繰延税金負債として表示されます。

　②＞①の場合は、その差額は翌期以降の税金を前払いしたものと考えて、貸借対照表では繰延税金資産という項目で、資産の部に表示されます。

　税額計算や税効果会計の考え方について、3級で詳しく問われることはないと予想されます。Point に示した損益計算書での計算関係をおさえることだけに集中してよいでしょう。

利益よりも多い税金？ COFFEE BREAK

　会計と税法は目的が違います。会計は投資者の意思決定に有用な情報（利益情報が中心）の提供が目的であり、税法は公平な課税が目的です。減価償却の耐用年数で考えてみましょう。

　経営者が、「当社はこの機械を 2 年で使い切るため、耐用年数は 2 年にしよう」というのは、正しい利益を計算して投資者に報告する観点からは適切です。しかし、「利益が出すぎたから耐用年数を短くして税金を安くしよう」というのでは、納税額が調整できてしまいます。法人税法では、課税の公平性を担保するために、法律で耐用年数を定めているのです。

　例で確認してみましょう。売上高が 90,000 百万円、減価償却費以外の経費が 30,000 百万円の X 社が、法定耐用年数 5 年の備品 Y を 100,000 百万円で購入したとします。法定の減価償却費は 20,000 百万円です。しかし、X 社は好景気で 24 時間稼働をしているため、備品 Y を 2 年で使い切る予定として減価償却費を 50,000 百万円で計上したとします。会計上の利益計算は、次のようになります（単位：百万円）。

売上高	90,000
諸経費	30,000
減価償却費	**50,000**
税引前利益	10,000

　税法上の所得計算は、次のようになります（単位：百万円）。

売上高	90,000
諸経費	30,000
減価償却費	**20,000**
税引前利益	40,000

　税法では、儲けのことを所得といいます。税法で認められる減価償却費は 20,000 百万円のため、税額計算上の税引前利益（所得）は 40,000 百万円となります。税率が 30％とすると、法人税等の金額は 12,000 百万円となります。最終的な損益計算書は、次のようになります（単位：百万円）。

売上高	90,000
諸経費	30,000
減価償却費	**50,000**
税引前利益	10,000
法人税等	**12,000**
当期純利益	△2,000

　税引前利益 10,000 百万円よりも多い法人税等が計上されます。実務では、このような損益計算書を見ることもあります。参考にしてください。

理解度チェックと解答・解説
理解度チェック

　次の記述のうち、適切と思われるものは○に、不適切と思われるものは×に、それぞれ丸を付けなさい。

1．損益計算書の目的は、会計期間末における処分可能利益の表示にある。　　　　　　　　　　　　　　　　　　　　　（O　×）

2．当期純利益は、決算日時点の利益である。　　　　（O　×）

3．損益計算書には、一会計期間に属するすべての収益とこれに対応するすべての費用とを記載しなければならない。　（O　×）

4．費用および収益は、総額によって表示することを原則とする。
　　　　　　　　　　　　　　　　　　　　　　　　　（O　×）

5．費用は発生主義、収益は発生主義に加えて実現主義で認識される。実現主義による収益の認識基準は財貨・用役の引渡しや提供を要件の一つとするから、販売基準とも呼ばれる。　　（O　×）

6．発生主義とは、現実に現金を受け取りまたは支払った時点で、それぞれ収益または費用が発生したものとして計上する認識基準である。　　　　　　　　　　　　　　　　　　　　　（O　×）

7．費用収益対応の原則とは、費用と収益のうち収益の計上に関するルールである。　　　　　　　　　　　　　　　　（O　×）

8．費用と収益の対応には、個別的対応と期間的対応があるが、受取利息と支払利息の対応は、個別的対応の一例である。　（O　×）

9．損益計算書では、利益を売上総利益、経常利益、営業利益、税引前当期純利益、当期純利益の順に区分して表示する。　（O　×）

10．費用のほうが収益よりも大きい場合に利益が計上される。
　　　　　　　　　　　　　　　　　　　　　　　　　（O　×）

11．売上原価は、商品の仕入原価や製品の製造原価のうち、当期の売上高に対応する部分を損益計算書に計上したものである。（O　×）

12. 売上総利益は売上高から売上原価と販売費及び一般管理費を差し引いて求める。　　　　　　　　　　　　　　　　（O　×）

13. 営業利益は、本業以外で生じた投資収益や資金調達コストを加減算した後の利益である。　　　　　　　　　　　（O　×）

14. 経常利益に特別利益を加算し、特別損失を減算すると、税引前当期純利益が求められる。　　　　　　　　　　　（O　×）

15. 当期純利益とは、企業が稼得した収益から支払ったさまざまな費用や税金のすべてを差し引いた後の1年間の最終的な利益である。　　　　　　　　　　　　　　　　　　　　（O　×）

16. 会社が支払う税金には、租税公課や法人税、住民税及び事業税があり、これらは損益計算書では税引前当期純利益から控除される。

　　　　　　　　　　　　　　　　　　　　（O　×）

17. 研究開発費は、営業外費用の区分に表示される。　　（O　×）

18. 所有する他社の社債から得られる利息を社債利息といい、営業外収益に含まれる。　　　　　　　　　　　　　　（O　×）

19. 売買目的有価証券の評価損は、特別損失に含まれる。（O　×）

解答・解説

番号	解答	解　説
1	×	損益計算書の目的は、一定期間の経営成績を示すことです。なお、現行制度の損益計算書の最終行は当期純利益となっており、決算日時点の未処分利益を計算する部分はありません。
2	×	損益計算書の当期純利益は、決算日を含む一定期間の純利益を示します。
3	O	費用および収益を、発生の原因・種類に応じて区分して記載することにより、5つの段階の利益が計算されます。
4	O	総額主義の原則は、損益計算書についても適用されます。
5	O	「収益が生まれたと考える」ことを「収益を認識する」といいます。なお、設問では、「収益は発生主義に加えて実現主義で認識される」とあります。受取利息など一部の収益については、実現主義ではなく時間の経過に応じて認識することを意識した表現です。「収益は原則として実現主義で認識される」と同じ意味だと理解してよいでしょう。
6	×	発生主義は、現金や対価の受取り・支払いに関係なく、経済的価値の獲得や消費により収益や費用を認識するという考え方です。
7	×	収益計上に関するルールは、実現主義の原則です。
8	×	受取利息と支払利息の関係は、利息を得るために利息を支払っているわけではないことから、期間的対応の例になります。個別的対応は、売上（商品販売の対価）と売上原価（販売した商品の仕入代金）のような関係をさします。
9	×	利益は、売上総利益、営業利益、経常利益、税引前当期純利益、当期純利益の順に表示されます。損益計算書の計算構造については、総合問題で損益計算書の空欄に項目名を補充させたり、特定の項目の金額を逆算により算出させる出題が考えられます。どの項目とどの項目をプラス・マイナスしてどの利益が得られるか、確実におさえましょう。
10	×	費用のほうが収益よりも大きい場合には、損失が計上されます。具体的には、売上総損失、営業損失、経常損失、税引前当期純損失、当期純損失と表現されます。

63

解答・解説

番号	解答	解 説
11	O	商業の場合、「売上原価＝期首商品棚卸高＋当期商品仕入高－期末商品棚卸高」と計算されます。
12	×	売上高から売上原価と販売費及び一般管理費を差し引いて得られるのは<u>営業利益</u>です。営業利益は、企業の本業による利益を示します。
13	×	本業以外で生じた投資収益や資金調達コストを加減算して得られるのは、<u>経常利益</u>です。経常利益は、資金の調達や運用を含めた経営努力の成果を示す利益であるといわれます。
14	O	損益計算書の計算構造に関する問題は、比較的数多く出題されています。正誤問題のほか、計算問題でも対応できるように確認しておきましょう。
15	O	計算問題の場合には、与えられた条件をもとに、当期純利益から逆算で税引前当期純利益や経常利益などを導くことができるようにも確認しておきましょう。
16	×	租税公課については、税引前当期純利益から控除されるのではなく、<u>販売費及び一般管理費</u>の内訳項目として表示されます。
17	×	研究開発費は、通常、<u>販売費及び一般管理費</u>に含まれます。
18	×	社債利息は、<u>自社が発行する社債</u>について支払うもので、営業外費用に含まれます。他社が発行する社債を所有することにより得られる利息は、有価証券利息として営業外収益に含まれます。
19	×	売買目的有価証券は、売買により差益を得ることを目的としているものです。このため、売却による損益や時価の変動による評価損益は経常的なものであるとして、<u>営業外収益・営業外費用</u>の区分に含まれます。評価損の場合は、<u>営業外費用</u>に含まれます。

第4章

キャッシュ・フロー
計算書の理解

1 キャッシュ・フロー計算書の役割

> **Point**
> - キャッシュ・フロー計算書…一定期間の資金の流入・流出の差引により正味のキャッシュ・フローを示す。
> - 利益とキャッシュ・フローの関係…収益・費用と収入・支出はタイミングが異なる。このため、利益と正味のキャッシュ・フローは一致しない。
> - キャッシュの範囲…現金（手元現金＋要求払預金）及び現金同等物からなる。現金同等物への該当は、定期預金は満期3か月以内であるかで判断する。上場株式は該当しない。

1．キャッシュ・フロー計算書の役割を理解しよう

① キャッシュ・フロー計算書とは

　キャッシュ・フロー計算書（C/S）は、企業の一定期間の**キャッシュ・フローの状況**（資金の流入・流出）を示す計算書です。

　資金の流入（キャッシュ・インフロー：収入）と資金の流出（キャッシュ・アウトフロー：支出）の差し引きにより、その期間のキャッシュの純増（または純減）がどれだけあったかを表します。キャッシュの純増（純減）額を**正味のキャッシュ・フロー**ということもあります。

② 利益とキャッシュ・フローの関係

　一定期間のフローを示す計算書としては、ほかに損益計算書があります。第3章でみたとおり、損益計算書で示される収益・費用は、収入や支出とかかわりなく、実現主義や発生主義によって計上されるタイミングが決まります。このため、損益計算書で表される利益と、正味のキャッシュ・フローは一致しません。

　損益計算書では利益が計上されている（黒字である）のに、キャッシュ・フロー計算書では正味のキャッシュ・フローがマイナスとなるということもあるわけです。黒字倒産といわれる事態が起きるのは、このためです。

　キャッシュ・フロー計算書からは、損益計算書では把握できない情報を得ることができるのです。

2. キャッシュの範囲を理解しよう

キャッシュ・フロー計算書が示すキャッシュの範囲は、**現金及び現金同等物**とされています。この関係を示したものが、次の**図表4-1**です。

図表4-1　キャッシュの範囲

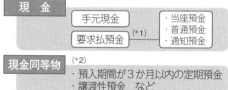

キャッシュに含まれないものの例
・預入期間1年の定期預金
　←短期投資とはいえない。
・市場性のある株式
　←価値の変動にリスクがある。

（＊1）事前の通知なしで、または、数日前の通知で引出し可能な期限の定めのない預金をいう。
（＊2）容易に換金可能で、かつ、価値の変動についてリスクが小さい短期投資をいう。

① 現金に含まれるもの

図表4-1からわかるように、手元現金と要求払預金から構成されます。要求払預金には、一般的に、当座預金、普通預金、通知預金が該当すると考えておけばよいでしょう。

② 現金同等物に含まれるもの

「容易に換金が可能」「価値の変動についてリスクが小さい」「短期の投資」という3つの条件のすべてを満たすものです。**図表4-1**ではいくつか該当するものを挙げていますが、代表的なものとして、預入期間が3か月以内の定期預金が該当することをおさえておけばよいでしょう。短期の投資という条件によるものなので、決算期から満期までの期間が3か月ではなく、預入から満期までの期間が3か月であることに注意しましょう（76ページコラムを参照してください）。

③注記への開示

キャッシュ・フロー計算書の現金及び現金同等物と、貸借対照表の現金預金は必ずしも一致しません。そこで、投資者に対する説明として、財務諸表に「現金及び現金同等物の期末残高と貸借対照表に掲記されている科目の金額との関係に関する注記」を開示することが義務付けられています。注記とは、投資者に対する補足説明と考えておけばよいでしょう。

第1章
第2章
第3章
第4章
第5章
第6章

2 キャッシュ・フロー計算書のしくみ

Point
- ●キャッシュ・フロー計算書の構成 … 営業活動、投資活動、財務活動の3つに区分したうえで正味のキャッシュ・フローを表示する。現金及び現金同等物の期首・期末残高も表示される。数値・項目名の空欄補充問題に対応できるようにしておくこと。
- ●各キャッシュ・フロー区分の内容 … それぞれの区分は何を表すのか、何がどの区分に表示されるかを理解する。記述の正誤を問う問題への対応を想定して理解すること。

1．キャッシュ・フロー計算書の構成を理解しよう

　キャッシュ・フロー計算書では、企業の活動を3つに区分し、それぞれの活動について資金の収支を示しています。**図表4-2**のように、Ⅰ営業活動によるキャッシュ・フロー、Ⅱ投資活動によるキャッシュ・フロー、Ⅲ財務活動によるキャッシュ・フローに区分されます。

図表4-2　キャッシュ・フロー計算書の構成

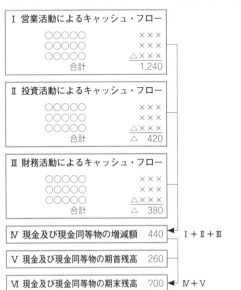

　△は支出を意味します。そしてこれらを差し引き・合計して、**正味のキャッシュ・フロー**（Ⅳ現金及び現金同等物の増減額）を表示します。

　なお、巻末（179ページ）にキャッシュ・フロー計算書の例を載せていますが、第4章では、簡便化のため、**図表4-2**の数値を用いて説明します。

2. 3つの区分のキャッシュ・フローの内容を理解しよう

① 営業活動によるキャッシュ・フロー

本業によってどれだけキャッシュが稼ぎ出されたかが示されます。商品・製品の仕入・製造・販売など、企業の本業による収入・支出が表示されます。人件費や経費等の支出もこの区分に表示されます。

また、損害賠償金の支払いや災害による保険金の入金などのように、投資活動・財務活動のいずれにも該当しないものについても、便宜的にこの区分に表示されます。

② 投資活動によるキャッシュ・フロー

将来のための投資がどのように行われたかを示す区分です。ここでいう投資には、設備・不動産投資、証券・金融商品投資、貸付けが該当すると理解しておけばよいでしょう。

また、購入・運用のための支出のほか、売却・回収による収入もこの区分に表示されます。

③ 財務活動によるキャッシュ・フロー

資金調達と返済に関するキャッシュ・フローを示しています。具体的には、**図表4-3**のような項目が該当します。

図表4-3 資金調達と返済に関するキャッシュ・フローの内訳

収入	支出
新株の発行、借入の実行、社債の発行	自己株式の取得、借入の返済、社債の償還、配当金の支払い

営業活動と投資活動によって生じた資金の過不足を、財務活動によってどのように調整しているかが表されているともいえます。

🖐検定対策

▶実際のキャッシュ・フロー計算書では、図表4-2の項目のほかに「現金及び現金同等物に係る換算差額」という項目がありますが、3級では言及されていません。検定対策としては、図表4-2のレベルで構成と計算構造を理解しておけばよいでしょう。

▶資金調達・運用に関する収入・支出として、利息の受取り・支払いなどがあります。これらの収入・支出をどの区分に表示するかについては、いくつかの方法が選択できることになっています。しかし、これについても3級ではふれられていませんので、検定対策としては、意識しなくても差し支えないでしょう。

3 営業活動によるキャッシュ・フローの表示方法①

Point
- 直接法と間接法 ⋯ 営業キャッシュ・フローの表示方法として2つある。いずれによっても営業キャッシュ・フローの金額は同じである。それぞれの特徴をおさえておくこと。
- 間接法による計算 ⋯ 税引前当期純利益からスタートし、キャッシュ・フローをともなわない損益、営業活動に関連しない損益、営業活動にかかる資産・負債の増減を調整する。

1．直接法と間接法の違いを理解しよう

　キャッシュ・フロー計算書のうち、営業活動によるキャッシュ・フロー（以下、営業CF）の区分の表示方法には、**図表4-4**の2つの方法があります。どちらによっても営業CFの金額は同じです（**図表4-5**）。

　なお、**図表4-2**と同様に、**図表4-5**では、説明の簡略化のため小計欄（**図表4-6**参照）の表示は省略しています。

図表4-4　直接法と間接法の特徴

	直接法	間接法
表示方法	収入・支出の項目ごとに総額を示して、その差し引きにより営業CFを表示する。	税引前当期純利益に一定の調整計算を行うことにより、逆算で営業CFを表示する。
長所	営業CFがどのような要因から構成されているか、直接把握できる。	税引前当期純利益と営業CFの差がどのような要因によるのかが、明らかになる。

図表4-5　直接法の表示と間接法の表示

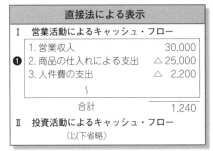

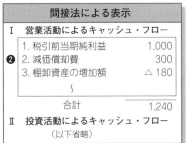

❶収入・支出の項目の差し引きにより、営業CFを示す。
❷税引前当期純利益からの逆算により、営業CFを示す。

2. 間接法による調整の構造を理解しよう

図表 4-6 は、間接法表示による営業 CF の計算構造を模式的に示したものです。

図表 4-6　間接法表示の営業 CF の計算構造

税引前当期純利益		1,000
逆算のための調整項目	❶ キャッシュ・フローをともなわない損益 （例）減価償却費	300
	❷ 営業活動に関連しない損益 （例）有価証券売却損益、有形固定資産売却損益	100
	❸ 営業活動にかかる資産および負債の増減額 （例）売上債権の増減、棚卸資産の増減、仕入債務の増減	190
小計		1,590
❹ 投資活動および財務活動以外の活動によるキャッシュ・フロー （例）法人税等の支払い		△350
営業活動によるキャッシュ・フロー		1,240

間接法では、税引前当期純利益に、**❶キャッシュ・フローをともなわない損益、❷営業活動に関連しない損益、❸営業活動にかかる資産および負債の増減額**を調整して小計の金額を算出します。調整内容については第4章4で詳しく説明しています。

小計より下は、投資活動にも財務活動にも該当しないが、便宜上、営業 CF に区分される項目を記載する個所です。これらを加算・減算して営業 CF を表示します。

小計の欄を設けているのは、❹の部分を区分することで、本来の営業活動による純粋な営業 CF を把握できるようにするためです。小計以下の表示は、直接法・間接法とも同じです。

なお、投資キャッシュ・フローと財務キャッシュ・フローの表示については、直接法・間接法という区分はなく、すべての収入・支出項目ごとに総額で表示されます。

4 営業活動によるキャッシュ・フローの表示方法②

Point
- キャッシュ・フローをともなわない損益 … 減価償却費は税引前当期純利益に加算する調整を行う。
- 営業活動に関連しない損益 … 有価証券や有形固定資産の売却益・売却損など。売却益は税引前当期純利益から減算、売却損は税引前当期純利益に加算する調整を行う。
- 営業活動にかかる資産・負債の増減 … 売上債権の増減、棚卸資産の増減、仕入債務の増減について、それぞれ加算・減算の調整が行われる。

1．間接法による営業CFの調整内容を理解しよう

間接法による場合の調整内容について、具体的にみてみましょう。

① キャッシュ・フローをともなわない損益

キャッシュ・フローをともなわない費用や収益がある場合には、その分だけ損益計算書の利益と正味のキャッシュ・フローに差がでます。そこで、税引前当期純利益に加算・減算して調整します。該当するものとして、減価償却費をおさえておきましょう。

図表 4-7　間接法での営業活動によるキャッシュ・フローの表示例

営業活動によるキャッシュ・フロー	
税引前当期純利益	1,000
❶　減価償却費	300
❷　有価証券売却損	100
❸　売上債権の減少額	150
棚卸資産の増加額	△ 180
仕入債務の増加額	220
小計	1,590
❹　法人税等の支払額	△ 350
営業活動によるキャッシュ・フロー	1,240

固定資産の取得による支出については、支出した年度に投資CFとして表示されます。したがって、営業CFの区分では、毎期、減価償却費の分だけ税引前当期純利益に加算する調整を行います。

② 営業活動に関連しない損益

有価証券や固定資産を売却して、損益計算書に売却益や売却損が計上されている場合を考えてみましょう。これらの売却損益は、帳簿上のもとの価額と売却額の差額であり、営業CFを構成しません。

そこで、税引前当期純利益に加算・減算して調整します。なお、売却収入は、別途、投資CFの区分に表示されます。

損益計算書に売却益が計上されている場合は、営業CFの調整計算では税引前当期純利益から減算（△）されます。逆に、損益計算書で売却損が計上されている場合には、加算する調整が行われます。

③ 営業活動にかかる資産・負債の増減額

資産や負債が増減するときには、通常、資金の出入りをともないます。投資活動や財務活動により資産・負債が増減する場合には、それによる収入・支出は、投資CFや財務CFの区分に表示されます。

営業活動に関する資産・負債が増減した場合はどうでしょうか。たとえば、売掛金を回収して収入があった場合、貸借対照表では売掛金が預金に入れ替わりますが、入金の事実は損益計算書には反映されていません。そこで、間接法では、売掛金が減少した分だけ、税引前当期純利益に加算する調整を行います。逆に、売掛金が増加した場合には、損益計算書には売上により利益が計上されているものの、まだ入金されていない分があることを意味しているため、税引前当期純利益に対して減算する調整を行います。受取手形についても同様です。なお、受取手形と売掛金をあわせて売上債権といいます。

営業活動にかかる資産・負債の主なものとしては、売上債権のほかに、棚卸資産と仕入債務（支払手形、買掛金）があります。棚卸資産の増減については、売上債権と同様に調整されます。仕入債務は負債であるため、売上債権や棚卸資産とは逆に、増加した場合には加算する調整、減少した場合には減算する調整が行われます。

図表4-8　間接法の場合の主な調整項目のまとめ

	税引前当期純利益に加算	税引前当期純利益に減算
キャッシュ・フローをともなわない損益	減価償却費	
営業活動に関連しない損益	有価証券売却損・評価損 投資有価証券売却損 有形固定資産売却損	有価証券売却益・評価益 投資有価証券売却益 有形固定資産売却益
営業活動にかかる資産・負債の増減	売上債権の減少 棚卸資産の減少 仕入債務の増加	売上債権の増加 棚卸資産の増加 仕入債務の減少

5 キャッシュ・フロー計算書の分析

> **Point**
> - キャッシュ・フローの増減 ··· 営業・投資・財務の各キャッシュ・フローのプラス・マイナスによる8つの増減パターンから、企業の資金繰りの状況を分析することができる。
> - フリー・キャッシュ・フロー ··· 一般的に、多いほど経営状態が良好と判断され、マイナスの場合は資金調達の必要があると判断される。

1．キャッシュ・フローの増減パターンを理解しよう

　企業の活動別のキャッシュ・フローの増減パターンは、次ページ**図表 4-9** のように、プラス・マイナスの組合せで8つに分けられます。

　営業 CF がプラスの場合、外部の資金に頼らずに営業を続け、新規投資を行い、借入を返済し、かつ配当金を支払う資金を生み出せていることを意味します。逆に、営業 CF がマイナスの場合、固定資産などを売却したり新たに借入を行ったりしなければ、資金繰りが回らなくなる可能性が高くなります。

　なお、分析に当たっては、複数期間の数値の推移をみることも重要であり、損益計算書に示される利益との関係にも注意する必要があります。

2．フリー・キャッシュ・フローを理解しよう

　フリー・キャッシュ・フロー（FCF）とは、事業で稼いだキャッシュで投資を行ったのち、さらに自由に使える分がどのくらいあるかを示すものです。

> フリー・キャッシュ・フロー ＝ 営業活動によるキャッシュ・フロー ＋ 投資活動によるキャッシュ・フロー

　たとえば、営業 CF が 10,000、投資 CF が △5,000 の場合は、FCF は 10,000 ＋（△5,000）＝ 5,000 となります。

　FCF がプラスの場合、営業 CF で投資活動を賄うことができていることを意味します。さらに、FCF で借入を返済すれば、自己

資本比率が高まり、財務の健全性も向上します。逆に、FCF がマイナスの場合、投資活動に必要な資金を営業 CF だけでは賄えないため、外部からの借入などで資金を調達する必要があります。

　なお、企業の成長のためには、多額の投資が必要になることもあります。積極的な投資のために FCF がマイナスになっていても、投資が将来の収益拡大につながる可能性もあります。キャッシュ・フロー計算書は、単年ではなく、複数期間でみることが必要です。

図表 4-9　活動別キャッシュ・フローの増減パターン

営業CF	投資CF	財務CF	分析
＋	＋	＋	・すべての活動区分で CF がプラスとなっている ・営業活動でキャッシュを生み出し、投資活動では固定資産や有価証券の売却などを行い、財務活動では新株発行や借入などを行って現金を増やしている ・将来の事業転換など大きな投資の準備をしていると考えられる
＋	＋	－	・営業活動と投資活動（固定資産や有価証券の売却など）により現金を生み出し、借入を返済して財務 CF がマイナスとなっている ・負債を減らし財務体質を強化していると考えられる
＋	－	＋	・営業活動で生み出した現金と財務活動（新株発行や借入など）により調達した現金とで、投資活動を行っている ・将来の戦略が明確で健全と考えられる
＋	－	－	・営業活動で生み出した現金で投資活動を行い、さらに借入の返済などを進めて財務 CF がマイナスとなっている ・営業 CF が十分であり健全と考えられる
－	＋	＋	・営業 CF のマイナスを、投資 CF のプラス（固定資産や有価証券の売却）と財務 CF のプラス（追加の借入など）で補っている ・資金繰りには問題があると考えられる
－	＋	－	・営業 CF と財務活動のマイナス（借入返済）を、投資活動（固定資産や有価証券の売却など）で調達している ・過去の蓄えを切り崩している状態で、資金繰りには問題があると考えられる
－	－	＋	・営業 CF がマイナスでありながら、投資活動（設備投資など）を行い、その資金を追加借入などの財務活動により調達している ・投資資金をすべて借入で調達している状態で、資金繰りには問題があり、投資の成果しだいと考えられる
－	－	－	・すべての活動区分で CF がマイナスとなっている ・営業 CF はマイナスだが、過去の蓄えで投資活動（設備投資）と財務活動（借入の返済）を行っている ・この状況が続けば資金繰りは厳しくなり、投資の成果が得られなければ危険な状態と考えられる

図表 4-10　投資活動によるキャッシュ・フローの表示例

投資活動によるキャッシュ・フロー	
有形固定資産の取得による支出	△ 10,000
有形固定資産の売却による収入	6,000
有価証券の取得による支出	△ 15,000
有価証券の売却による収入	10,000
貸付けによる支出	△ 10,000
貸付金の回収による収入	8,000
投資活動によるキャッシュ・フロー	△ 11,000

図表 4-11　財務活動によるキャッシュ・フローの表示例

財務活動によるキャッシュ・フロー	
株式の発行による収入	20,000
自己株式の取得による支出	△ 15,000
配当金の支払額	△ 10,000
社債の発行による収入	20,000
借入による収入	10,000
社債の償還による支出	△ 8,000
借入金の返済による支出	△ 15,000
財務活動によるキャッシュ・フロー	2,000

◎現金同等物の要件 ・・・「短期の投資」に該当するかどうかの判定

　短期の投資に該当するかどうかの判定については、絶対的な基準はありません。
　実務では、預入から満期までの期間が３か月以内の定期預金については、現金同等物とするのが一般的になっています。検定試験においても、特に指示がないかぎり、３か月を基準に判断すればよいでしょう。

第1章
第2章
第3章
第4章
第5章
第6章

理解度チェックと解答・解説
理解度チェック

次の記述のうち、適切と思われるものは○に、不適切と思われるものは×に、それぞれ丸を付けなさい。

1. キャッシュ・フローとは、キャッシュ・インフロー、キャッシュ・アウトフローおよびその差額としての正味のキャッシュ・フローを意味する。　　　　　　　　　　　　　　　　　　　　　　　　（O　×）

2. キャッシュ・フロー計算書では、一会計期間に生じたキャッシュ・フローを営業活動、投資活動および財務活動に区分して表示する。　　　　　　　　　　　　　　　　　　　　　　　　　　　（O　×）

3. キャッシュ・フロー計算書が対象とするキャッシュの範囲は、現金及び現金同等物である。　　　　　　　　　　　　　　　（O　×）

4. キャッシュ・フロー計算書における現金同等物は、容易に換金可能であるか、または、価値の変動についてわずかなリスクしか負わない短期投資をいう。　　　　　　　　　　　　　　　　（O　×）

5. キャッシュ・フロー計算書が対象とするキャッシュの範囲は、現金及び現金同等物であり、要求払預金は現金同等物に含まれる。　　　　　　　　　　　　　　　　　　　　　　　　　　　（O　×）

6. 市場性のある株式は、時価の変動によるリスクがあるため、現金同等物に含まれない。　　　　　　　　　　　　　　　　（O　×）

7. 1年満期の定期預金は現金及び現金同等物に含まれない。（O　×）

8. 営業活動によるキャッシュ・フローは本業の現金創出能力を示す。　　　　　　　　　　　　　　　　　　　　　　　　　　　（O　×）

9. 営業活動によるキャッシュ・フローの区分を直接法で表示すると、期間損益とキャッシュ・フローの関係が明らかになる。　（O　×）

10. 営業活動によるキャッシュ・フローの区分を直接法で表示すると、営業活動によるキャッシュ・フローを構成する項目の金額を直接把握することができる。　　　　　　　　　　　　　　（O　×）

11. 営業活動によるキャッシュ・フローを間接法で表示する場合、棚卸資産の減少額は税引前当期純利益に加算される。 （O ×）

12. 営業活動によるキャッシュ・フローを間接法で表示する場合、仕入債務の増加額は税引前当期純利益に加算される。 （O ×）

13. キャッシュ・フロー計算書を直接法で作成する場合と間接法で作成する場合では、投資活動によるキャッシュ・フローと財務活動によるキャッシュ・フローの表示方法が異なる。 （O ×）

14. 投資有価証券の取得による支出は、投資活動によるキャッシュ・フローの区分に表示される。 （O ×）

15. 財務活動によるキャッシュ・フローの区分には、株式や社債の発行による収入、他社株式の取得による支出、配当金の支払いなどが記載される。 （O ×）

16. 役員に対する報酬の支出は、投資活動によるキャッシュ・フローの区分に表示される。 （O ×）

17. 自己株式の取得による支出は、財務活動によるキャッシュ・フローに記載されない。 （O ×）

18. 配当金の支払いは、財務活動によるキャッシュ・フローの区分に表示される。 （O ×）

19. 投資活動によるキャッシュ・フローの区分には、貸付による支出が含まれる。 （O ×）

20. 社債の償還による支出は、財務活動によるキャッシュ・フローの区分に記載される。 （O ×）

21. フリー・キャッシュ・フローは、「営業活動によるキャッシュ・フロー」－「投資活動によるキャッシュ・フロー」で計算される。 （O ×）

解答・解説

第1章
第2章
第3章
第4章
第5章
第6章

番号	解答	解　　説
1	O	キャッシュ・インフローのことを、資金の流入または「収入」ということもあります。キャッシュ・アウトフローのことを、資金の流出または「支出」ということもあります。
2	O	キャッシュ・フロー計算書の構造については、総合問題で計算書の空欄に項目名を補充させたり、特定の項目の金額を逆算により算出させる出題が考えられます。確実におさえましょう。
3	O	キャッシュ・フロー計算書でいう「現金」は「手元現金」と「要求払預金」から構成されます。これに「現金同等物」を加えた「現金及び現金同等物」を対象として、収支を表示しています。
4	×	現金同等物は、容易に換金可能であり、かつ、価値の変動についてわずかなリスクしか負わない短期投資をいいます。
5	×	要求払預金は現金に含まれます。キャッシュ・フロー計算書と貸借対照表とでは、「現金」の範囲が異なるので注意しましょう。
6	O	市場性のある株式は、時価の変動によるリスクがあるため、現金同等物に含まれません。なお、市場性のない株式は、容易に換金できないため、現金同等物には該当しません。
7	O	預入期間が短期でない定期預金は、現金にも現金同等物にも該当しません。短期かどうかは、指示がない限り3か月以内を基準に判断してよいでしょう。決算日から満期までの期間ではなく、預入から満期までの期間であることにも注意しましょう。
8	O	本業により生み出されるキャッシュが、投資活動（将来のための投資）や、財務活動（借入の返済）に充てられることが、理想的なキャッシュの循環であるといえます。
9	×	営業活動によるキャッシュ・フローの区分は、間接法で表示することによって期間損益とキャッシュ・フローの関係が明らかになります。間接法では、税引前当期純利益から調整計算を行って営業活動によるキャッシュ・フローを算出するため、利益と営業活動によるキャッシュ・フローキャッシュ・フローの差がどれだけあるのか把握しやすいという利点があります。
10	O	営業活動によるキャッシュ・フローの区分を直接法で表示することで、構成する要因別に収入・支出が示されるので、何によって営業活動によるキャッシュ・フローが生み出されたかが明らかになる利点があります。

解答・解説

番号	解答	解 説
11	O	間接法による営業活動によるキャッシュ・フローの表示に関して、ある表示項目が税引前当期純利益に対して、プラス・マイナスのいずれに調整されるかを問う問題は多く出題されています。資産（棚卸資産、売上債権など）が減るということは、それだけ資金化されて、キャッシュ・フロー的にはプラスになるとイメージして理解するとよいでしょう。
12	O	負債（仕入債務）の増加は、その分だけ支払いを猶予してもらっているため、キャッシュ・フロー的にはプラスになるとイメージして理解してもよいでしょう。
13	×	キャッシュ・フロー計算書を直接法で作成する場合と間接法で作成する場合で異なるのは、<u>営業活動によるキャッシュ・フロー</u>の表示方法です。
14	O	特定の支出・収入項目が、営業活動によるキャッシュ・フロー、投資活動によるキャッシュ・フロー、財務活動によるキャッシュ・フローのいずれに該当するかを問う問題は非常に多いので、確実に理解しておきましょう。
15	×	株式や社債の発行による収入、配当金の支払いは資金調達に関係するもので、財務活動によるキャッシュ・フローに該当します。しかし、他社の株式の取得による支出は資金の運用（証券投資）であるため、<u>投資活動によるキャッシュ・フロー</u>に該当します。
16	×	人件費の支出は、本業に関する支出であり、役員・従業員にかかわらず<u>営業活動によるキャッシュ・フロー</u>に該当します。
17	×	自己株式の取得は、株式を発行して調達した資金の実質的な払戻と考えられるので、<u>財務活動によるキャッシュ・フロー</u>に記載されます。
18	O	配当金の支払いは、自社が株式を発行して調達した資金に対するものであるため、財務活動によるキャッシュ・フローに区分されます。
19	O	投資活動によるキャッシュ・フローに区分されるのは、資金の運用に関する収入・支出です。具体的には、①設備・不動産投資、②証券・金融商品投資、③貸付けのそれぞれに関するものと理解しておきましょう。
20	O	自社にとって、社債の発行は資金の調達です。したがって、社債の発行・償還による収入・支出は財務活動によるキャッシュ・フローに該当します。
21	×	フリー・キャッシュ・フローは、「営業活動によるキャッシュ・フロー」＋「投資活動によるキャッシュ・フロー」で求めます。

第5章

財務諸表分析の基本

1 財務諸表分析の主体と分析対象・分析手法

Point
- 分析主体 ⋯ 内部分析と外部分析に分類できる。
- 分析対象となる情報 ⋯ 定量情報と定性情報がある。財務諸表分析は、主に定量情報を対象とする。
- 指標の性質 ⋯ 比率分析と実数分析に分類できる。
- 対象となる財務諸表 ⋯ 単表分析と複表分析に分類される。

1．分析主体による分類を理解しよう

　財務諸表分析は、いろいろな形で分類することができます。

　まず、誰が分析を行うか（分析主体）という見方から、**図表 5-1** のように**内部分析**と**外部分析**に分類することができます。

図表 5-1　内部分析と外部分析

分類	方法	範囲
内部分析	企業内部の者が社内の情報を利用して行う。	社内でさまざまな情報を収集できる。
外部分析	企業外部の者が、公表されている情報などをもとに行う。	入手できる情報に限界がある。

2．分析の対象となる情報の種類を理解しよう

　企業を分析するさいに対象となる情報は、**定量情報**と**定性情報**に分類することができます。財務諸表は、定量情報に該当します。

　それぞれの内容は、**図表 5-2** のとおりです。

図表 5-2　定量情報と定性情報

分類	意味	情報の例	
定量情報	数値で表すことのできる情報	・財務諸表の数値 ・販売数量 ・販売シェア	・従業員数 ・生産数量 ・株価
定性情報	数値で表すことができない情報（文章などで表現される。）	・経営方針 ・経営者の資質 ・業界地位	・従業員の熟練度 ・技術力 ・規制の有無

財務諸表分析の主な対象は定量情報です。ただし、企業の状況を分析するという目的からは、定量情報とあわせて定性情報も集め、内容を理解しておくことが必要です。

3. 分析手法の分類を理解しよう

① 用いる指標の性質による分類

　どのような性質の分析指標を用いて分析するかという見方から、**図表 5-3** のように、**比率分析**と**実数分析**に分類できます。

図表 5-3　比率分析と実数分析

分類	方法	指標の例
比率分析	算出した比率を用いる。	・貸借対照表構成比率 ・資本利益率
実数分析	実数（金額、数量など数値そのもの）を示す指標を用いる。	・1株当たり利益 ・1人当たり売上高

② 対象となる財務諸表による分類

　単一の財務諸表のみを対象とするか、複数の財務諸表を対象とするかによって、**単表分析**と**複表分析**に分類することもあります。

　複表分析は、さらに、財務諸表の期間によって、**単期分析**と**複期分析**に分けることができます。単期分析は、ある特定の期間について異なる種類の財務諸表を利用します。複期分析は、異なる期間の財務諸表を利用します。以上の関係を示すと、**図表5-4** のとおりです。

図表 5-4　単表分析と複表分析

✍**検定対策**

▶3級試験では、主に外部分析について、分析手法や分析指標が扱われています。

2 分析指標の判断基準

Point
- 指標の判断・・・得られた指標の良否を判断する基準として、絶対基準と相対基準がある。
- 相対基準・・・比較対象を設定する場合の一般的手法として、①標準指標による比較、②他社指標との比較、③時系列比較がある。それぞれの特徴をおさえること。

1．指標の判断基準を理解しよう

財務諸表分析によって、分析値や指標が得られたとします。しかし、どのような基準で、企業の状況の良否を判断すればよいのでしょうか。

分析の考え方として、**図表 5-5** に**絶対基準**と**相対基準**を紹介します。

図表 5-5　絶対基準と相対基準

基準	方法	利用状況
絶対基準	金額や指標がある一定の数値を満たしているかどうかで判断する。固定的な基準。	普遍的な基準を設定できるケースは少ない。
相対基準	比較対象を設定し、対象との比較により良否を判断する。	一般に多く利用されている。

2．相対基準による比較の方法を理解しよう

図表 5-5 に示したとおり、一般には相対基準が利用されています。

比較判断の方法のうち、代表的なものとして、標準指標による比較、他社指標との比較、時系列比較があります。

それぞれの内容や特徴をまとめると、**図表 5-6** のとおりです。

図表 5-6　比較の方法と特徴

種類	比較の方法	長所	留意点
標準指標による比較	業種別・産業別などにより算出した標準値との比較を行う。	業界の標準値・平均値に対しての良否が判断できる。	各種機関による公刊物から、さまざまな指標を入手する必要がある。
他社指標との比較	比較対象として特定の他社を設定し、その企業の指標と比較する。	比較対象企業に対しての良否が判断できる。	対象企業の状況について、比較対象として適切かどうかの判断が必要となる。
時系列比較（期間比較）	1つの企業の指標について、複数期間の推移を比較する。	改善・悪化などの傾向が判断できる。	その企業だけの情報によるため、業界での地位などは判断できない。

◎**財務分析の参考値・・・平均指標・標準指標の検索方法**

　財務分析では、同業他社や平均指標、標準指標と比較するケースが多くあります。ここでは、インターネットなどで公開されている各種の数値や指標の検索方法などを紹介します（情報は、2023年5月末現在のものです）。

　試験対策というよりは、学習したことを実践に活かすという意味で利用してください。

①有価証券報告書の「主要な経営指標などの推移」
　・EDINET で検索
　・EDINET を使用して企業名（提出者名）で検索
　・有価証券報告書を選択
　・「主要な経営情報などの推移」を選択
②「法人企業統計調査」（財務省）
　・法人企業統計調査で検索
　・「調査の結果（目次）」を選択
　・「時系列データ」を選択
　・確認したい年度を選択
　・PDF または DB を選択
③「中小企業実態調査」（中小企業庁）
　・中小企業実態基本調査で検索
　・「調査の結果」の「統計表一覧」を選択
　・確認したい年次を選択
　※統計表などが確認できる。

3 基本分析①貸借対照表構成比率

Point
- 百分比財務諸表分析 … 財務諸表の各項目について、全体に占める割合をパーセントで示した比率を用いて行う分析。
- 貸借対照表構成比率 … 資産合計（または負債及び純資産合計）に対する各項目の構成比率。資産合計と負債及び純資産合計は一致するため、どちらを分母に用いても結果は同じになる。

1．基本的な財務諸表の分析の手法を理解しよう

　財務諸表を分析するさい、もっとも基本的な手法が、**百分比財務諸表分析**です。

　百分比財務諸表分析は、貸借対照表や損益計算書の各項目について、全体に占める割合を百分比（パーセント）で示すことにより、分析を行うものです。算出された比率について、時系列で比較したり、他社と比較したりすることで分析を行います。

2．貸借対照表の構成比率を理解しよう

　貸借対照表の各項目について、**構成割合を百分比で示したもの**が、貸借対照表構成比率です。また、パーセント表示された貸借対照表を、**百分比貸借対照表**ということもあります。

　各項目の構成比率は、以下のように算出されます。

$$\text{貸借対照表構成比率} = \frac{\text{貸借対照表の各項目の金額}}{\text{資産合計（または負債・純資産合計）}} \times 100 \,(\%)$$

3．貸借対照表構成比率を計算しよう

　図表 5-7 の貸借対照表には、金額とあわせて構成比率を記載しています。

　2で説明した算式を実際に用いて、数値を確認してみましょう。

図表 5-7　貸借対照表構成比率

（単位：百万円，％）

資産の部			負債及び純資産の部		
科目	金額	構成比	科目	金額	構成比
（資産の部）			（負債の部）		
流動資産	41,167	●38.6	流動負債	28,342	26.6
現金及び預金	1,828	1.7	仕入債務	10,366	9.7
売上債権	12,541	11.8	短期借入金	1,035	1.0
有価証券	10,113	9.5	1年内償還の社債	1,500	1.4
棚卸資産	2,784	2.6	未払金	4,672	4.4
短期貸付金	5,414	5.1	未払法人税等	2,839	2.7
その他	8,487	8.0	未払費用	5,491	5.2
固定資産	65,444	61.4	預り金	2,240	2.1
有形固定資産	13,581	12.7	その他	199	0.2
建物	4,140	3.9	固定負債	6,763	6.3
機械装置	3,310	3.1	負債計	35,105	32.9
土地	3,854	3.6	（純資産の部）		
建設仮勘定	722	0.7	株主資本	65,937	61.8
その他	1,555	1.5	評価・換算差額等	5,557	5.2
無形固定資産	5,263	4.9	新株予約権	12	0.0
投資その他の資産	46,600	43.7	純資産計	71,506	67.1●
合計	106,611	100.0	合計	106,611	100.0

流動資産構成比率
（41,167 ÷ 106,611）× 100 ≒ 38.6%

純資産構成比率
（71,506 ÷ 106,611）× 100 ≒ 67.1%

◎表示科目の要約・・・売上債権、受取債権など

　財務諸表分析のさいには、便宜上、いくつかの表示科目を要約して比率や指標を算出することがあります。

　たとえば、図表 5-7 の貸借対照表では、売掛金と受取手形をあわせて「売上債権」と表記して構成比率を算出しています。同様に、買掛金と支払手形についても、まとめて「仕入債務」として表記して構成比率を算出しています。

　なお、売上債権は受取債権、仕入債務は支払債務といわれることもあります。

4 基本分析②損益計算書百分比

> **Point**
> - 損益計算書百分比 … 売上高に対する各項目の構成比率。
> - 売上高に対する構成比率 … 売上原価率、売上高売上総利益率（粗利益率）、売上高営業利益率、売上高経常利益率、売上高当期純利益率などの指標が導かれる。それぞれの比率についておさえること。

1. 損益計算書百分比を理解しよう

　損益計算書の各項目について、**売上高に占める割合を百分比で示したもの**が損益計算書百分比です。また、パーセント表示された損益計算書を、**百分比損益計算書**ということもあります。

　各項目の比率は、以下のように算出されます。

$$\text{損益計算書百分比} = \frac{\text{損益計算書の各項目の金額}}{\text{売上高}} \times 100 \text{（\%）}$$

2. 損益計算書百分比を計算しよう

　図表 5-8 の損益計算書は、金額とあわせて損益計算書百分比を記載しています。

　1 で説明した算式を実際に用いて、数値を確認してみましょう。

　なお、損益計算書の計算構造を考えると、営業外収益や特別利益については売上高から構成されるわけではありません。しかし、営業外収益や特別利益についても、売上高を基準として比率を算出することになっています。

　損益計算書百分比は、売上高を分母とすることを前提としています。このため、**図表 5-8** に示したような利益率については、売上高というのを省略することがあります（売上高営業利益率を単に営業利益率と呼ぶなど）。

　また、売上総利益率については、粗利益率と呼ぶこともあります。

図表 5-8 損益計算書百分比 (単位：百万円，％)

科目		金額		百分比
売　　上　　高			115,718	100.0
売　上　原　価			92,332	79.8
売　上　総　利　益			23,386	20.2
販売費及び一般管理費			11,877	10.3
営　業　利　益			11,509	9.9
営　業　外　収　益				
受　取　利　息	340			
受　取　配　当　金	759			
そ　　の　　他	1,048	2,147		1.9
営　業　外　費　用				
支　払　利　息	111			
そ　　の　　他	370	481		0.4
経　常　利　益			13,175	11.4
特　別　利　益				
投資有価証券売却益	2,359			
そ　　の　　他	232	2,591		2.2
特　別　損　失				
固　定　資　産　売　却　損	172			
そ　　の　　他	43	215		0.2
税引前当期純利益			15,551	13.4
法人税、住民税及び事業税			4,746	4.1
法　人　税　等　調　整　額			△ 204	△ 0.2
当　期　純　利　益			11,009	9.5

売上原価率
(92,332÷115,718)×100≒79.8％

売上高売上総利益率（粗利益率）
(23,386÷115,718)×100≒20.2％

売上高営業利益率
(11,509÷115,718)×100≒9.9％

売上高経常利益率
(13,175÷115,718)×100≒11.4％

売上高当期純利益率
(11,009÷115,718)×100≒9.5％

👆検定対策

▶検定試験では、各種の指標や比率についての理解が問われます。

▶指標・比率が示す意味、指標・比率の計算構造を、文章で問うほか、具体的に計算を行う出題も予想されます。

▶計算問題では、与えられた金額から比率を算出するケースのほか、比率から財務諸表の金額を逆算するケースも考えられます。また、総合問題では、粗利益率と営業利益率の差し引きで販売費及び一般管理費率を逆算させ、さらに、別途与えられた売上高の金額から販売費及び一般管理費の額を逆算させるといった出題もあります。どのようなケースにも対応できるようにしておきましょう。

5 成長性分析①対前年度比率

- 成長性分析の指標 ··· 基本的な指標として、対前年度比率、伸び率、対基準年度比率がある。
- 対前年度比率 ··· 対象年度の数値の前年度に対する比率。対象年度の数値を前年度の数値で割り、パーセントで表示する。

１．項目の成長性を分析する指標を理解しよう

　成長性分析とは、財務諸表の項目の伸びや推移を、分析によりつかむものです。このため、**趨勢分析**や**伸び率の分析**ともいわれます。

　成長性分析の基本的な指標として、**対前年度比率**、**伸び率**、**対基準年度比率**があります。

２．対前年度比率の考え方を理解しよう

　分析の対象となる年度の数値について、**前年度の数値に対する比率**を表したものを対前年度比率といいます。前年度の数値を100%として算出します。

　計算式を示すと、以下のとおりです。

$$
対前年度比率 = \frac{分析対象項目の対象年度の数値}{対象項目の前年度の数値} \times 100 \,（\%）
$$

３．対前年度比率を計算しよう

　２の計算式を用いて、実際に対前年度比率を算出してみましょう。

　図表5-9は、ある企業（**図表5-7、5-8**に示したものとは異なります）の財務諸表について、過去4年間の推移を表したものです。

　図表①に、主要項目として、売上高、営業利益、当期純利益、純資産、総資産をあげています。

　算出された対前年度比率は、**図表②**のとおりです。

図表 5-9　主要項目と対前年度比率の推移
①主要項目の推移
（単位：百万円）

項目	20X1年3月期	20X2年3月期	20X3年3月期	20X4年3月期
売　上　高	172,947	185,515	210,369	239,480
営 業 利 益	16,668	16,721	18,783	22,386
当 期 純 利 益	11,620	11,712	13,721	16,440
純　資　産	81,785	90,449	105,604	118,360
総　資　産	❶220,402	❷243,350	287,315	325,747

②対前年度比率の推移
（単位：%）

項目	20X1年3月期	20X2年3月期	20X3年3月期	20X4年3月期
売　上　高	－	107.3	113.4	113.8
営 業 利 益	－	100.3	112.3	119.2
当 期 純 利 益	－	100.8	117.2	119.8
純　資　産	－	110.6	116.8	112.1
総　資　産	－	❸110.4	118.1	113.4

20X2年3月期の総資産の対前年度比率
(243,350÷220,402)×100≒110.4%
❷　　　　❶　　　　❸

◎対前年度比率と複利効果

　売上100億円の企業が2年連続して対前年度比率110%で売上を伸ばした場合、2年後の売上はいくらになるでしょうか？

　単純に120億円になるわけではありません。

　1年後は100億円×110％＝110億円ですが、2年後は110億円×110％＝121億円となります。複利効果で、1年後に増えた10億円を含めて110％となるためです。

　3級では、このような複利効果による計算結果について、正誤問題により問われることもあります。

91

6 成長性分析②伸び率・対基準年度比率

> **Point**
> ●伸び率 … 対象年度の数値の前年度の数値に対する増減額の比率。増減額を前年度の数値で割り、パーセントで表示する。
> ●対基準年度比率 … 対象年度の数値の基準年度に対する比率。対象年度の数値を基準年度の数値で割り、パーセントで表示する。

1．伸び率の考え方を理解しよう

　分析の対象となる年度の数値について、前年度の数値に対する**前年からの増減額の比率**を表したものを伸び率といいます。前年度の数値を100%として算出します。

　計算式を示すと、以下のとおりです。

$$
伸び率 = \frac{分析対象項目の数値の前年度からの増減値（当年度－前年度）}{対象項目の前年度の数値} \times 100（\%）
$$

2．対基準年度比率の考え方を理解しよう

　第5章5で述べた対前年度比率は、前年度の数値を基準にします。これに対して、**特定の年度の数値を基準**（100%）とした比率を表したものが、対基準年度比率です。対基準年度比率は、複数年度の推移を把握しやすい指標です。

　計算式を示すと、以下のとおりです。

$$
対基準年度比率 = \frac{分析対象項目の対象年度の数値}{対象項目の基準年度の数値} \times 100（\%）
$$

3．伸び率・対基準年度比率を計算しよう

　1・2の計算式を用いて、実際に伸び率と対基準年度比率を算出してみましょう。

　図表 5-10 は、ある企業（**図表 5-7、5-8** に示したものとは異なります）の財務諸表について、過去4年間の推移を表したものです。

図表①は、第5章5の**図表5-9**①の再掲です。算出された伸び率は、**図表②**のとおりです。また、20X1年3月期を基準年度とした対基準年度比率は、**図表③**のとおりです。

図表 5-10　主要項目の伸び率と対基準年度比率の推移
①財務諸表の主要項目の推移（図表5-9 掲載）

（単位：百万円）

項目	20X1年3月期	20X2年3月期	20X3年3月期	20X4年3月期
売　上　高	❶ 172,947	❷ 185,515	210,369	239,480
営 業 利 益	16,668	16,721	18,783	22,386
当期純利益	11,620	11,712	13,721	16,440
純　資　産	81,785	90,449	105,604	118,360
総　資　産	❸ 220,402	243,350	287,315	❹ 325,747

②伸び率の推移

（単位：％）

項目	20X1年3月期	20X2年3月期	20X3年3月期	20X4年3月期
売　上　高	－	❺ 7.3	13.4	13.8
営 業 利 益	－	0.3	12.3	19.2
当期純利益	－	0.8	17.2	19.8
純　資　産	－	10.6	16.8	12.1
総　資　産	－	10.4	18.1	13.4

20X2年3月期の売上高の伸び率
$$\{(\underset{❷}{185,515} - \underset{❶}{172,947}) \div \underset{❶}{172,947}\} \times 100 \fallingdotseq \underset{❺}{7.3}\%$$

20X4年3月期の総資産の対基準年度比率
$$(\underset{❹}{325,747} \div \underset{❸}{220,402}) \times 100 \fallingdotseq \underset{❻}{147.8}\%$$

③対基準年度比率の推移　（基準年度20X1年3月期）

（単位：％）

項目	20X1年3月期	20X2年3月期	20X3年3月期	20X4年3月期
売　上　高	100.0	107.3	121.6	138.5
営 業 利 益	100.0	100.3	112.7	134.3
当期純利益	100.0	100.8	118.1	141.5
純　資　産	100.0	110.6	129.1	144.7
総　資　産	100.0	110.4	130.4	❻ 147.8

　なお、伸び率の推移を、第5章5の**図表5-9**②で示した対前年度比率の推移と見比べると、以下の関係にあることがわかります。

伸び率　＝　対前年度比率　－　100（％）

7　安全性分析①流動比率・正味運転資本

Point
- 安全性分析 … 企業の支払能力をみる指標であり、短期の支払債務に対してどれだけの支払手段をもっているかを判断する。
- 流動比率 … 流動負債に対する流動資産の比率。
- 正味運転資本 … 流動資産と流動負債の差額。

1．企業の安全性を分析する指標を理解しよう

　安全性分析とは、企業の支払能力や財務的安定性を、分析によりつかむものです。支払うべき債務に対して十分な支払手段をもっているかといった、資金繰りや資金の流動性をみることから、**流動性分析**ともいわれます。安全性分析の基本的な指標として、**流動比率**、**正味運転資本**、**自己資本比率**があります。自己資本比率については、第5章9で解説します。

2．流動比率の考え方を理解しよう

　流動比率は、流動負債を返済するのに十分な流動資産があるかをみる指標です。銀行が融資を決定するさいの判断基準に用いたことから、かつては銀行家比率とも呼ばれました。

　計算式を示すと、以下のとおりです。

$$流動比率 = \frac{流動資産}{流動負債} \times 100（\%）$$

　図表 5-11 からもわかるように、流動比率により、短期的に返済しなければならない債務（流動負債）に対し、どれだけの支払手段（流動資産）をもっているかが示されます。

　流動比率の値が大きいほど、短期的な支払能力があり、安全性が高いことを意味します。逆に、流動比率が100%を下回るということは、支払手段が不足しており、好ましくない状態であるといえます。

図表 5-11　流動比率

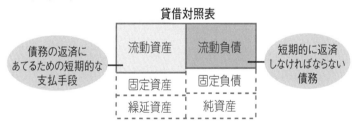

なお、繰延資産は売却・資金化できないものであり、会計上の擬制資産といわれます。

3. 正味運転資本の考え方を理解しよう

流動資産と流動負債の**バランスをみる指標**としては、流動比率のほかに、正味運転資本があります。これは、**正味運転資金**ともいわれます。

図表 5-12　正味運転資本

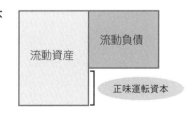

計算式を示すと、以下のとおりです。

> **正味運転資本　＝　流動資産　－　流動負債（円）**

つまり、流動比率は、流動資産を流動負債で割って求めますが、正味運転資本は、流動資産から流動負債を差し引いて求めます。

正味運転資本が大きいほど、短期的な支払能力があり安全性が高いことを意味します。

短期間で返済しなければならない債務に対して、短期間のうちに使える支払手段が不足していれば、正味運転資本はマイナスとなります。この場合、短期間の支払能力は低いと判断されます。

第1章
第2章
第3章
第4章
第5章
第6章

8 安全性分析②当座比率・手元流動性

Point
- 当座比率 … 企業の短期の支払能力を流動比率よりも厳しく評価する指標。流動資産のうち棚卸資産を支払手段から除いて考える。
- 手元流動性 … 現金及び預金と有価証券の合計額。実際に支払いにあてることができる支払手段。

1．当座比率の考え方を理解しよう

　当座比率は、流動比率の分子をより限定して、流動負債を確実に支払えるかどうかを厳しく判断する指標です。

　流動資産のうち棚卸資産は、製造・販売したあとでなければ資金化できないため、棚卸資産を除いて、支払手段として確実なものによって判断しようとする考え方です。

　計算式を示すと、以下のとおりです。

$$当座資産　=　流動資産　-　棚卸資産$$

$$当座比率　=　\frac{流動資産-棚卸資産}{流動負債}　\times 100（\%）$$

図表 5-13　当座比率

　当座比率が100％を下回るということは、流動負債を支払うだけの当座資産がないことを意味します。支払能力の判断としては、当座比率は100％以上であることが望ましいといえます。

なお、流動資産のなかには、前払費用など換金性のない項目もありますが、『ビジネス会計検定試験®公式テキスト3級』では、当座資産について上記のように定義しているため、このとおりに理解しておいて差し支えありません。

2. 手元流動性（手元資金）の考え方を理解しよう

　正味運転資本や当座資産よりも、さらに明確な支払手段として手元流動性があります。手元資金ともいわれます。

　計算式を示すと、以下のとおりです。

手元流動性　＝　現金及び預金　＋　（流動資産のうちの）有価証券

　流動資産にある有価証券としては、売買目的有価証券や短期の満期保有目的の債権が該当します（第2章5を参照してください）。近日中に資金化することが可能であるため、現金及び預金とあわせて支払手段にあてることがきるものと考えられています。

9　安全性分析③自己資本比率

> **Point**
> - 自己資本・他人資本 … 資金の調達源泉の性格に着目して、純資産のことを自己資本、負債のことを他人資本という。
> - 自己資本比率 … 総資本に占める自己資本の割合。自己資本比率が高いほど、返済義務のない資金による調達割合が高いことを意味し、長期的な財務安定性は高いといえる。

1．自己資本と他人資本を理解しよう

　安全性分析の視点には、流動資産と流動負債のバランス（第5章7・8参照）のほかに、調達する**資金の源泉のバランス**もあります。

　すでに、第2章で述べたとおり、貸借対照表の右側は、資金の調達源泉を表します。純資産は、株主から払い込まれた資金や、資金を元手に得られた毎年の利益を留保したものなどから構成されます。一方、負債は、株主以外の外部者から調達した資金であり、**返済する必要があります**。

　こうした性格から、純資産のことを自己資本、負債のことを他人資本と呼び、**図表 5-14** のように表せます。

図表 5-14 自己資本と他人資本

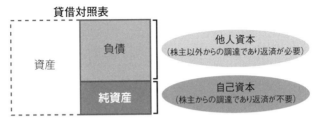

　返済の必要な負債（他人資本）より、返済の必要のない純資産（自己資本）の割合が高いほど、財務的な安定性は高いと考えられます。

2．自己資本比率の考え方を理解しよう

自己資本比率は、**総資本**（他人資本＋自己資本）に対する自己資本の比率です。

計算式を示すと、以下のとおりです。

$$
自己資本比率 = \frac{自己資本（純資産）}{総資本（負債・純資産合計）} \times 100（\%）
$$

図表 5-15　自己資本比率

資金調達全体に占める自己資本の割合により、資金調達の安定度をみることができる。

第2章で述べたとおり、貸借対照表の右側の合計額と左側の合計額は一致します。このため、上記の計算式の分母を、資産合計としても、同じ結果が得られます。

自己資本比率が高いほど、長期的な財政状態は安定していて、安全性の面からは良好であるといえます。

🖐検定対策

▶自己資本比率は、株主資本比率と呼ばれることもあり、同じ指標を表します。

▶ただし、株主資本比率という場合には、本項に示した自己資本比率の計算式のように、分子を自己資本（純資産）とする方法のほか、株主資本（純資産の部の項目の一部）とする方法があります（純資産と株主資本の関係については、第2章10参照）。

▶検定試験で株主資本比率の算出を問われた場合には、分子に自己資本と株主資本のどちらを用いるか、問題の指示に注意しましょう。

10　収益性分析①資本利益率

Point
- 収益性分析 ⋯ 企業の利益を獲得する能力をみる分析。中心となる指標として、資本利益率がある。
- 資本利益率 ⋯ 投下資本に対する利益の割合。資本利益率の具体的な指標として、総資本経常利益率と自己資本当期純利益率がある。

1．利益を得る能力を分析する指標を理解しよう

収益性分析とは、企業が利益を獲得する能力をみるものです。

企業の収益性を判断するさいには、以下のような見方があります。

・利益がどのくらいあったか（利益の絶対額）。

・利ざやがどのくらい大きいビジネスであるか（売上高利益率）。

・投下資本（元手）に対してどのくらい効率的に利益を稼いだか。

2．資本利益率の考え方を理解しよう

資本利益率（Return on Investment；**ROI**）は、**投下資本に対する利益の割合**を表します。

投資した資産がどれだけ利益を生み出したかという見方から、**資産利益率**（Return on Assets；**ROA**）、または、**投資収益率**といわれることもあります。計算式を示すと、以下のとおりです。

$$\text{資本利益率、資産利益率（ROI、ROA）} = \frac{\text{利益}}{\text{投下資本}} \times 100 \, (\%)$$

投下資本に対する利益の割合ですから、分母・分子ともにさまざまな概念の数値をおくことができます。

たとえば、分母に総資産を用いて、総資産に対する利益の割合をみる場合もあれば、自己資本（純資産）や、特定の資産の金額を用いることもあります。分子についても、当期純利益のほか、経常利益や営業利益を用いることもあります。

3．資本利益率の具体的指標を理解しよう

第1章

第2章

第3章

第4章

第5章

第6章

資本利益率の具体的な指標の1つに、**総資本経常利益率**があります。

総資本（負債・純資産合計）＝総資産（資産合計）であることから、**総資産経常利益率**といわれることもあります。計算式を示すと、以下のとおりです。

$$
\text{総資本経常利益率} = \frac{\text{経常利益}}{\text{総資本（負債・純資産合計）または総資産（資産合計）}} \times 100\,(\%)
$$

資本利益率でよく用いられる指標には、**自己資本当期純利益率**もあります。単に**自己資本利益率**（Return On Equity；**ROE**）ともいわれます。

株主にとって、自己の出資に対する収益性をみるさいの一般的な指標です。計算式を示すと、以下のとおりです。

$$
\begin{array}{c}\text{自己資本当期純利益率}\\（\text{自己資本利益率；ROE}）\end{array} = \frac{\text{当期純利益}}{\text{自己資本（純資産）}} \times 100\,(\%)
$$

当期純利益は、上場企業では税引後当期純利益が用いられますが、それ以外の会社では税引前当期純利益が用いられることもあります。上場企業の業績評価に用いられる ROE は税引後の当期純利益が用いられることが一般的であることも覚えておくといいでしょう。

◎資本利益率の計算式・・・分子と分母の対応関係

　資本利益率の計算式は、分子が損益計算書の項目であるのに対して、分母は貸借対照表の項目です。すでに述べたとおり、損益計算書は一定期間のフロー（取引高累計）を示すのに対して、貸借対照表は一定時点のストック（残高）を示します。したがって、分子がフローの数値であるならば、分母についても期中平均値を用いるほうが整合性がとれます。資本利益率に限らず他の指標であっても同じことがいえます。

　ただし、外部分析では、貸借対照表項目の期中平均値を把握することはできません。そこで、実際には、便宜的に期首と期末の金額の単純平均を用いたり、単に、期末時点の貸借対照表金額を用いることもあります。

11 収益性分析②資本利益率の構成

> **Point**
> - 資本利益率の分解・・・売上高利益率（利益÷売上×100）×資本回転率（売上÷投下資本）の関係が成立する。利幅が大きく、一定の資本で売上が多く上げられれば、収益性は高くなる。
> - 自己資本利益率・・・自己資本に対する収益性を考える場合には、利幅と売上効率のほかに、財務レバレッジ（自己資本に対する総資本の割合）が影響する。
> - 財務レバレッジ・・・自己資本比率の逆数であり、高くなると安全性の面からは好ましくない。

1. 資本利益率を構成要素に分解して理解しよう

第5章10で示した資本利益率は、次のように分解することができます。売上高利益率は、売上に対する利益の割合を表します。

売上高を投下資本で割ったものを**資本回転率**といい、一定の投下資本に対して、どれだけの売上があったかを示します。

この分解から、売上に対する利益率が高く、投下資本に対して売上を得る効率がよいほど収益性が高くなることがわかります。

2. 具体的指標を分解して理解しよう

① 総資本経常利益率の構成

総資本利益率は、他人資本・自己資本をあわせた総資本を運用して、どれだけの利益が得られたかをみる指標です。経常利益を分子におくと、次のように分解されます。

売上高経常利益率を高め、総資本回転率を高くすることで、総資本経常利益率が向上するという関係にあることがわかります。

② 自己資本利益率（自己資本当期純利益率）の構成

自己資本利益率は、自己資本に対する収益性をみる指標であり、通常、分子には当期純利益が用いられます。自己資本利益率は、以下のように3つの要素に分解することができます。

右辺の最後の項目の部分は、**財務レバレッジ**といいます。自己資本に対する総資本の倍率を表します。レバレッジは、てこを意味し他人資本を調達して総資本をふくらませるほど財務レバレッジの値は大きくなります。単位は、上の式のとおり「倍」とするほかに、100をかけて「％」で表示されることもあります。

この分解から、当期純利益率や、総資本回転率を高めるほかに、他人資本を調達して総資本を大きくすることによっても、自己資本に対する収益性が向上するという関係にあることがわかります。

当期純利益率や総資本回転率が同じであるなら、自己資本を増やすよりも他人資本を調達することで総資本を大きくして運用したほうが、株主からみた投資効率はよいということを意味しているともいえます。

3．財務レバレッジと安全性の関係を理解しよう

財務レバレッジが大きくなると、自己資本利益率が大きくなり、自己資本に対する収益性は向上します。

しかし、財務レバレッジは、自己資本比率（自己資本÷総資本×100）の逆数となっています。財務レバレッジが高いことは、返済が不要な自己資本が小さく、返済が必要な他人資本が大きくなっていることを意味するため、安全性の面からは良好ではありません。

現実には、収益性と安全性の両面を考慮しなければなりません。

12 1株当たり分析

Point
- 1株当たり分析 … 株式 1 株当たりの数値を算出して行う分析。1 株当たりの指標を株価と対比することにより、会計数値と株価の関連を分析することができる。

1. 1株当たり分析の指標を理解しよう

① 　1株当たり当期純利益

　1 株当たり当期純利益は、**当期純利益を発行済株式数で割った値**であり、**EPS**（Earnings Per Share）とも表現されます。

　計算式を示すと、以下のとおりです。

$$\text{1株当たり当期純利益（EPS）} = \frac{\text{当期純利益}}{\text{発行済株式数}} \text{（円）}$$

② 　株価収益率

　株価収益率は、**1 株当たり当期純利益に対する株価の比率**（倍数）をいいます。**PER**（Price Earnings Ratio）とも表現されます。

　利益水準の何倍の株価がついているかを示す割合です。株価収益率を他社と比較したり、時系列で比較することで、その時点の株価が相対的に高いか低いかをみることができます。

　計算式を示すと、以下のとおりです。

$$\text{株価収益率（PER）} = \frac{\text{（1株当たり）株価}}{\text{1株当たり当期純利益（EPS）}} \text{（倍）}$$

　一般に、将来利益水準が上昇すると見込まれる場合には、期待を織り込んで株価が高くなっています。このため、株価収益率も高くなります。逆に、将来の利益が見込まれない場合には、株価収益率は低くなります。

③ 1株当たり純資産

BPS（Book-value Per Share）と表現されます。

計算式を示すと、以下のとおりです。

$$
\text{1株当たり純資産(BPS)} = \frac{\text{純資産}}{\text{発行済株式数}}（円）
$$

BPS は、理論的には企業の解散時の1株の払戻価値であり、最低株価の目安となります。通常は1倍以上となりますが、実際にはまれに1倍を下回ることもあります。

④ 株価純資産倍率

PBR（Price Book-value Ratio）と表現されます。

計算式を示すと、以下のとおりです。

$$
\text{株価純資産倍率(PBR)} = \frac{\text{1株当たり株式時価}}{\text{1株当たり純資産(BPS)}}（倍）
$$

現在の株価が、最低株価の目安である BPS に対して何倍であるかを示します。純資産価値に対して割高か割安かを判断する目安となります。PBR が低いほうが割安と判断されます。

⑤ 1株当たり配当額

計算式を示すと、以下のとおりです。

$$
\text{1株当たり配当額} = \frac{\text{配当金総額}}{\text{発行済株式数（自己株式を除く）}}（円）
$$

株式投資の目的は、時価変動益（**キャピタルゲイン**）と成果の分配である配当（**インカムゲイン**）です。1株当たり配当額は、実務では計算式で求めるものではなく、株主還元策として取締役会等で決定します（株主総会で決めることも可能です）。

⑥　配当性向

計算式を示すと、以下のとおりです。

$$配当性向 \ = \ \frac{1 株当たり配当額}{1 株当たり当期純利益} \ 100 \ （\%）$$

成果の分配である配当金が、配当原資である当期純利益に占める割合を表します。株主還元をアピールする指標の1つです。

配当金総額÷当期純利益×100（％）で計算することもあります。

⑦　時価総額

計算式を示すと、以下のとおりです。

$$時価総額 \ = \ 1 株当たり株価 \ \times \ \begin{array}{c} 発行済株式数 \\ （自己株式を含む） \end{array} \ （円）$$

株式市場おける企業の現時点の評価額です。株価の変動によって日々変化します。合併・買収のさいの基礎評価額としても利用されます。

時価総額は株主還元などの指標ではないため、通常は、自己株式を含めて計算します。ただし、市場で流通している株式で計算することもあり、その場合は自己株式を除くこともあります（検定試験では、問題文の指示に従ってください）。

◎ 1 株当たり当期純利益・・・算定に関する詳細ルール

　1 株当たり当期純利益は、財務諸表の注記項目の 1 つとされています。そして、財務諸表に注記される金額の算定については、詳細なルールが定められています。計算のさい、104 ページに示した式とは異なる点もあります。

　たとえば、以下のとおりです。

・発行済株式数からは、自己株式を控除する。

・分母には、期中平均値を用いる。

・分子は、決算後の配当予定等を調整する。

　しかし、現実的に、外部分析から得られたデータでは、詳細な算定を行うことは難しいものです。このため、特に指示がないかぎり、検定試験でも 104 ページに示した計算式で解答を導いてよいでしょう。

13 1人当たり分析

> **Point**
> - 生産性 ··· ヒト・モノ・カネの投入量に対する産出量の割合。
> - 従業員1人当たり売上高···従業員数（投入量）に対する売上高（産出量）の割合。

第1章
第2章
第3章
第4章
第5章
第6章

1．生産性とは何かを理解しよう

　生産性とは、ヒト・モノ・カネの**投入量に対する産出量**（生産量、販売量）の割合をいいます。たとえば、以下のような見方があります。

　・材料の投入量に対して、どれだけ製品が生産されたか。

　・どれだけ人員を投入して、どれだけ販売できたか。

　生産性分析にはさまざまな切り口があります。本項では、従業員1人当たり売上高について解説します。

2．従業員1人当たり売上高の考え方を理解しよう

　従業員1人当たり売上高は、売上高を従業員数で割ることで得られます。

$$\text{従業員1人当たり売上高} = \frac{\text{売上高}}{\text{従業員数}} \text{（円）}$$

　従業員1人当たり売上高は、業種により開きがあります。このため、一般的には、業界標準や同業他社との比較、あるいは、その企業の数値を時系列で比較して分析を行います。

✍検定対策

▶分子の売上高は、損益計算書の数値であり、一定期間のフロー（取引高累計）を示します。

▶分母と分子の整合性からは、分母の従業員数も、期中平均値によるのが適当ですが、簡便に期末の従業員数によることもあります。

▶問題の指示に従い解答すればよいでしょう。

理解度チェック

次の記述のうち、適切と思われるものは○に、不適切と思われるものは×に、それぞれ丸を付けなさい。

1. 企業情報には、生産数量や販売数量のように数値として表現できる定量情報と経営者の資質や技術力のように数値では表現しにくい定性情報がある。金融商品取引法にもとづいて作成された財務諸表を用いて行う分析は、定性分析に該当する。　　(O　×)

2. 時系列比較は1つの会社について、数期間にわたって指標を算定し、指標の年度間の比較から改善傾向にあるか悪化傾向にあるかを判断する方法である。　　(O　×)

3. 貸借対照表構成比率は、貸借対照表の各項目の金額を純資産合計の金額で割って、百分比で表現するものである。　　(O　×)

4. 販売費及び一般管理費があるとき、売上高営業利益率は売上高売上総利益率よりも小さい。　　(O　×)

5. 売上高経常利益率は、売上高営業利益率よりも常に小さい。

　　(O　×)

6. 売上高経常利益率は、マイナス数値になる場合もある。　　(O　×)

7. 売上高売上原価率はマイナスにはならない。　　(O　×)

8. 伸び率は、マイナス数値にはならない。　　(O　×)

9. 当年度の売上高は500百万円である。今後、売上高の伸び率が毎年10%であるとすると、10年後の売上高は1,000百万円になる。

　　(O　×)

10. 基準年度であるX1年度の売上高が1,200百万円で、X3年度の売上高が960百万円のとき、対基準年度比率は125%である。　　(O　×)

11. 正味運転資本はマイナスにはならない。　　(O　×)

12. 流動比率は、100%以上の数値となることもある。　　(O　×)

13. 流動資産が1,200百万円で流動比率が150％のとき、流動負債は600百万円である。 （O ×）

14. 流動比率はマイナスになることもある。 （O ×）

15. 前年度末に比べて流動資産の額が減少し、流動負債の額が増加すれば、流動比率は向上する。 （O ×）

16. 資産は自己資本とも呼ばれ、負債は他人資本とも呼ばれる。 （O ×）

17. 自己資本比率は、100％を超えることもある。 （O ×）

18. 自己資本比率が低ければ、返済を要しない資金源泉の割合が高いことになる。 （O ×）

19. 負債合計が800百万円、自己資本比率が60％のとき、純資産合計は2,000百万円である。 （O ×）

20. ROI、ROAは、いずれも資金の投資効率を表す分析指標である。 （O ×）

21. 自己資本利益率は、経常利益を自己資本で割ることによって計算される。 （O ×）

22. 自己資本が10,000百万円、税引前当期純利益が5,000百万円、法人税、住民税及び事業税が2,000百万円、租税公課が1,000百万円、法人税等調整額がないとき、ROEは30％である。 （O ×）

23. 資本回転率は、売上高による投下資本の回収効率を示す指標である。 （O ×）

24. 自己資本利益率は、売上高当期純利益率と自己資本回転率と財務レバレッジに分解することができる。 （O ×）

25. 財務レバレッジを高めるためには、総資本に対する他人資本の割合を高めればよい。 （O ×）

26. 売上高経常利益率が10%、総資本回転率が1回のとき、総資本経常利益率は10%である。　　　　　　　　　　　　　　**（〇　×）**

27. 株価収益率は、企業の利益水準に対して株価が相対的に高いか低いかを判定する目安として用いられる指標である。　　**（〇　×）**

28. 1株当たり当期純利益はEPS、株価収益率はPERとも表記される。
　　　　　　　　　　　　　　　　　　　　　　　　　　（〇　×）

29. 発行済株式数が2百万株、株価収益率が24倍、1株当たり株式時価は3,600円のとき、当期純利益は300百万円である。　　**（〇　×）**

30. 従業員1人当たり売上高は、生産性の指標の1つである。**（〇　×）**

31. 従業員1人当たり売上高は、小さいほうがよい。　　**（〇　×）**

解答・解説

番号	解答	解　　説
1	×	財務諸表の情報は数値で表現できるため、定量分析に該当します。
2	O	比較による分析には、時系列による比較のほか、他社との比較、業界標準との比較などがあります。
3	×	貸借対照表構成比率は、貸借対照表の各項目の金額を資産合計（総資産）で割ります。総資産と純資産を混同しないように注意しましょう。なお、貸借対照表の構造上、資産合計は負債合計＋純資産合計と一致します。総合問題での計算のさい、この関係を使って解答させる出題もあるので注意しましょう。
4	O	損益計算書の構造への理解を問う問題です。販売費及び一般管理費はマイナスにはならないので、「営業利益＜売上総利益」→「売上高営業利益率＜売上高売上総利益率」の関係が常に成立します。売上総利益率、営業利益率が与えられて、販売費及び一般管理費率を答えさせるといった形式の出題にも対応できるようにしておきましょう。
5	×	経常利益と営業利益の大小関係は、営業外収益と営業外費用の金額の大きさによるため、一概にどちらが大きいとはいえません。
6	O	経常利益はマイナス（経常損失の状態）となる可能性があるので、売上高経常利益率もマイナスになることがあります。
7	O	売上原価がマイナスになることはありません。したがって、売上高売上原価率はマイナスにはなりません。なお、「売上高＜売上原価」となる可能性はあるので、売上総利益率はマイナスになる場合があります。この場合、売上原価率は100％を超えることになります。
8	×	前年度よりも数値が減少している場合には、伸び率はマイナスになります。
9	×	伸び率10％の状態が10年続くということは、10年間、毎年それぞれ前年の金額に対して10％増加することを意味します。したがって10年後の売上高は、500百万円×（100％＋10％）^{10}≒1,297百万円となります。
10	×	対基準年度比率は、基準年度の数値を100％とした場合の比率です。したがって、X3年度の対基準年度比率は、960÷1,200×100＝80％です。

番号	解答	解　説
11	×	「流動負債＞流動資産」の場合には、<u>正味運転資本はマイナス</u><u>となります</u>。
12	O	「流動資産≧流動負債」の場合には、流動比率は100％以上の数値となります。
13	×	流動負債＝1,200百万円（流動資産）÷150％（流動比率）＝<u>800</u><u>百万円</u>となります。設問のように、流動比率の値が与えられて、流動資産または流動負債の金額を逆算させるような問題にも対応できるようにしておきましょう。
14	×	流動資産、流動負債ともマイナスの金額になることはないので、流動比率がマイナスになることはありません。
15	×	分子の流動資産が減少し、分母の流動負債が増加すれば、流動比率は小さくなります。流動比率は安全性の指標であり、安全性の面からは比率が高いほどよいので、比率が下がることは、向上ではなく<u>悪化</u>を意味します。
16	×	自己資本と呼ばれるのは<u>純資産</u>です。紛らわしい設問ですが、注意しましょう。
17	×	自己資本比率＝純資産合計÷（負債合計＋純資産合計）です。負債合計がマイナスになることはないので、分母は必ず分子より大きくなり、自己資本比率が<u>100％</u>を超えることはありません。
18	×	自己資本比率が低いということは、返済を要しない調達資金（自己資本）の割合が<u>低い</u>ことを意味します。
19	×	自己資本比率が60％ということは、総資本（負債合計＋純資産合計）に占める負債合計の割合は40％であることがわかります。したがって総資本＝800百万円（負債合計）÷40％＝2,000百万円となり、純資産合計＝2,000百万円（総資本）－800百万円（負債合計）＝<u>1,200百万円</u>となります。
20	O	ROI（投資利益率）とROA（資産利益率）のいずれも、利益÷投下資本×100％により、投下資本に対するリターンの効率を表します。それぞれの略称もおさえておきましょう。
21	×	自己資本利益率は、当期純利益を自己資本で割って計算されます。自己資本利益率は、自己資本に対するリターンの効率、つまり出資者（株主）の立場からみた収益性を意味します。このため、分子には、特別利益・特別損失を反映し、税金も負担したあとの利益として、当期純利益が用いられます。

番号	解答	解　説
22	O	ROE（自己資本利益率）は「当期純利益÷自己資本」から求められます。当期純利益＝5,000百万円（税引前当期純利益）－2,000百万円（法人税、住民税及び事業税）＝3,000百万円です。よって、ROE＝3,000百万円（当期純利益）÷10,000百万円（自己資本）＝30％となります。なお、租税公課は販売費及び一般管理費の内訳項目であり、上記の計算に反映させる必要はありません。
23	O	「資本回転率＝売上高÷投下資本」であり、投下した資金が売上という形で何倍になって返ってきたかという回収効率を表します。
24	×	自己資本当期純利益率は、単に自己資本利益率と呼ばれることが多いです。「自己資本利益率＝売上高当期純利益率×総資本回転率×財務レバレッジ」に分解されます。
25	O	財務レバレッジは「総資本（負債合計＋純資産合計）÷自己資本（純資産合計）」で求められます。負債合計が大きくなれば、財務レバレッジの値は大きくなります。
26	O	設問のように、金額が与えられず、比率だけで計算させる問題にも対応できるようにしておきましょう。
27	O	株価収益率は「株価（1株当たり株式時価）÷1株当たり当期純利益」で求められます。1株当たり当期純利益に対する倍率として表現することで、株価が割安であるか割高であるかを相対的に示します。
28	O	EPS、PERなど、略称で問われてもいいようにおさえておきましょう。
29	O	1株当たり当期純利益（EPS）＝3,600円（1株当たり株式時価）÷24倍（株価収益率）＝150円です。よって、当期純利益＝150円（EPS）×2百万株（発行済株式数）＝300百万円となります。与えられた株価収益率から、EPSや株価を算出するパターンの出題にも対応できるようにしておきましょう。
30	O	投入（インプット）に対する産出（アウトプット）の割合を生産性といいます。
31	×	従業員1人当たり売上高は、大きいほうが生産性は良好です。

第1章

第2章

第3章

第4章

第5章

第6章

第6章

ビジネス会計検定試験3級
模擬問題と解答・解説

模擬問題①

1 次の【問1】から【問16】の設問に答えなさい。

【問1】 次の文章について、正誤の組み合わせとして正しいものを選びなさい。

> （ア）　会社法による開示の基本は決算公告であるが、実務的には株主総会招集通知であり、そのなかに計算書類が含まれている。
> （イ）　金融商品取引法の代表的な開示媒体は有価証券報告書であり、TDnetという電子開示システムで公開される。

① （ア）正　（イ）正
② （ア）正　（イ）誤
③ （ア）誤　（イ）正
④ （ア）誤　（イ）誤

解答欄

【問2】 次の文章について、正誤の組み合わせとして正しいものを選びなさい。

> （ア）　会社法の立法趣旨にアカウンタビリティがあり、企業経営者の株主に対する説明責任のことである。
> （イ）　金融商品取引法の立法趣旨は、投資者が損害を負ったときにそれを保護することである。

① （ア）正　（イ）正
② （ア）正　（イ）誤
③ （ア）誤　（イ）正
④ （ア）誤　（イ）誤

解答欄

【問3】 次の文章について、正誤の組み合わせとして正しいものを選びなさい。

> （ア）　1株当たり利益が一定であるならば、株価が高いほど株価収益率は高くなる。
> （イ）　株価収益率は100倍を超えない。

① （ア）正　（イ）正
② （ア）正　（イ）誤
③ （ア）誤　（イ）正
④ （ア）誤　（イ）誤

解答欄

【問4】 次の文章について、正誤の組み合わせとして正しいものを選びなさい。

(ア)　定額法によった場合、毎期均等額の減価償却費が費用として配分される。

(イ)　定率法によった場合、その資産を使用しはじめた当初の減価償却額は少ないものの、期間の経過に応じてしだいに多額の減価償却費が配分されるようになる。

① (ア)正　　(イ)正
② (ア)正　　(イ)誤
③ (ア)誤　　(イ)正
④ (ア)誤　　(イ)誤

解答欄

【問5】 次の文章について、正誤の組み合わせとして正しいものを選びなさい。

(ア)　営業活動によるキャッシュ・フローの区分を間接法で表示する場合、減価償却費は税引前当期純利益に加算される。

(イ)　営業活動によるキャッシュ・フローの区分を間接法で表示する場合、売上債権の増加額は税引前当期純利益に加算される。

① (ア)正　　(イ)正
② (ア)正　　(イ)誤
③ (ア)誤　　(イ)正
④ (ア)誤　　(イ)誤

解答欄

【問6】 次の文章について、正誤の組み合わせとして正しいものを選びなさい。

(ア)　流動比率はつねに100%以下になる。
(イ)　流動比率は大きいほどよい。

① (ア)正　　(イ)正
② (ア)正　　(イ)誤
③ (ア)誤　　(イ)正
④ (ア)誤　　(イ)誤

解答欄

117

【問7】 次の文章について、正誤の組み合わせとして正しいものを選びなさい。

> （ア）　自己資本利益率は、売上高当期純利益率と自己資本回転率と財務レバレッジに分解することができる。
> （イ）　財務レバレッジを高めるためには、総資本に対する負債の割合を高めればよい。

① （ア）正　　（イ）正
② （ア）正　　（イ）誤
③ （ア）誤　　（イ）正
④ （ア）誤　　（イ）誤　　　　　　　　　　解答欄

【問8】 次の文章について、正誤の組み合わせとして正しいものを選びなさい。

> （ア）　貸借対照表は、一定時点の財政状態を示す計算書である。
> （イ）　貸借対照表の資産は、資金の運用形態を示している。

① （ア）正　　（イ）正
② （ア）正　　（イ）誤
③ （ア）誤　　（イ）正
④ （ア）誤　　（イ）誤　　　　　　　　　　解答欄

【問9】 次の文章について、正誤の組み合わせとして正しいものを選びなさい。

> （ア）　貸借対照表では、資産＋負債＝純資産の関係が成立している。
> （イ）　資産の項目と負債の項目は原則として、相殺することなくそれぞれ総額で表示しなければならない。

① （ア）正　　（イ）正
② （ア）正　　（イ）誤
③ （ア）誤　　（イ）正
④ （ア）誤　　（イ）誤　　　　　　　　　　解答欄

【問10】 次の文章について、正誤の組み合わせとして正しいものを選びなさい。

（ア） 損益計算書では、一会計期間に属するすべての収益と、これに対応するすべての費用とを記載しなければならない。
（イ） 損益計算書についても、貸借対照表と同様に勘定式と報告式の2つの様式がある。

① （ア）正　　（イ）正
② （ア）正　　（イ）誤
③ （ア）誤　　（イ）正
④ （ア）誤　　（イ）誤　　　　　　　　　解答欄

【問11】 次の文章について、正誤の組み合わせとして正しいものを選びなさい。

（ア） 収益と費用の対応関係には個別的対応と期間的対応があるが、売上高と販売費及び一般管理費の対応は、期間的対応の一例である。
（イ） 租税公課は会社の利益の金額にもとづいて課される税金であるため、法人税、住民税及び事業税に含めて税引前当期純利益から控除される。

① （ア）正　　（イ）正
② （ア）正　　（イ）誤
③ （ア）誤　　（イ）正
④ （ア）誤　　（イ）誤　　　　　　　　　解答欄

【問12】 次の文章について、正誤の組み合わせとして正しいものを選びなさい。

（ア） 資産は、流動資産と固定資産と投資その他の資産に分類される。
（イ） 資産はワンイヤールールによって流動資産・固定資産に分類し、負債は正常営業循環基準によって流動負債・固定負債に分類する。

① （ア）正　　（イ）正
② （ア）正　　（イ）誤
③ （ア）誤　　（イ）正
④ （ア）誤　　（イ）誤　　　　　　　　　解答欄

119

【問13】　次の文章について、正誤の組み合わせとして正しいものを選びなさい。

> （ア）　資産・負債とも、まず正常営業循環基準を適用し、さらにこれに該当しないものについてワンイヤールールを適用して、流動項目・固定項目に分類する。
> （イ）　棚卸資産のうち、決算日の翌日から1年を超えて保有する予定のものは固定資産に分類される。

① （ア）正　　（イ）正
② （ア）正　　（イ）誤
③ （ア）誤　　（イ）正
④ （ア）誤　　（イ）誤　　　　　　　　　解答欄

【問14】　次の文章について、正誤の組み合わせとして正しいものを選びなさい。

> （ア）　売買目的有価証券は、固定資産の区分に表示される。
> （イ）　満期保有目的の債券は、満期までの残りの期間にかかわらず固定資産の区分に表示される。

① （ア）正　　（イ）正
② （ア）正　　（イ）誤
③ （ア）誤　　（イ）正
④ （ア）誤　　（イ）誤　　　　　　　　　解答欄

【問15】　次の文章について、正誤の組み合わせとして正しいものを選びなさい。

> （ア）　子会社および関連会社の株式は、固定資産の区分に表示される。
> （イ）　その他有価証券は、流動資産の区分に表示される。

① （ア）正　　（イ）正
② （ア）正　　（イ）誤
③ （ア）誤　　（イ）正
④ （ア）誤　　（イ）誤　　　　　　　　　解答欄

【問16】 次の文章について、正誤の組み合わせとして正しいものを選びなさい。

> （ア） 1株当たり配当額は、投資者の投資目的である利益のうちキャピタルゲインに関する情報である。
> （イ） 配当性向は、成果である利益から配当金として分配される割合を示す指標である。

① （ア）正　　（イ）正
② （ア）正　　（イ）誤
③ （ア）誤　　（イ）正
④ （ア）誤　　（イ）誤

解答欄

2　　次の【問1】から【問13】の設問に答えなさい。

【問1】　次の項目のうち、固定資産に含まれる項目の適切な組み合わせを選びなさい。

ア.特許権	イ.ソフトウェア	ウ.開発費	エ.のれん
オ.建設仮勘定	カ.長期前払費用		

①　アイエオ　　②　アウエオカ　　③　イウエカ
④　アイエオカ　　⑤　アイオ　　　　　　　　　解答欄

【問2】　次の項目のうち、流動負債に含まれる項目の適切な組み合わせを選びなさい。

ア.前渡金	イ.支払手形	ウ.退職給付引当金	エ.買掛金
オ.前受収益	カ.契約負債		

①　アイエオカ　　②　イエオカ　　③　イウエオカ
④　イエオ　　　　⑤　アイエカ　　　　　　　　解答欄

【問3】　次の項目のうち、営業外費用に含まれる項目の適切な組み合わせを選びなさい。

ア.投資有価証券売却損	イ.支払利息	ウ.租税公課
エ.手形売却損	オ.雑損失	カ.減損損失

①　アイエオ　　②　イエオ　　③　イウエオ
④　イオ　　　　⑤　イエオカ　　　　　　　　　解答欄

【問4】　次の項目のうち、財務活動によるキャッシュ・フローの区分に記載される項目の適切な組み合わせを選びなさい。

ア.自己株式の取得による支出	イ.投資有価証券の取得による支出
ウ.貸付金の回収による収入	エ.借入金の返済による支出
オ.役員に対する報酬の支出	

①　アイウ　　②　アイエ　　③　アウエ
④　アエ　　　⑤　アエオ　　　　　　　　　　　解答欄

【問5】 次の文章の空欄（ア）と（イ）に当てはまる語句の適切な組み合わせを選びなさい。

純資産の部は、株主資本、（ア）、（イ）、新株予約権に分類される。（ア）の例としては、その他有価証券評価差額金、土地再評価差額金がある。

① （ア）評価・換算差額　（イ）資本金等
② （ア）評価・換算差額　（イ）株式引受権
③ （ア）自己株式　　　　（イ）資本金等
④ （ア）自己株式　　　　（イ）株式引受権

解答欄

【問6】 次の文章の空欄（ア）と（イ）に当てはまる語句の適切な組み合わせを選びなさい。

（ア）を計上する要件としては、1)（イ）に生じる費用・損失であること、2)発生の原因が当期以前にあること、3)発生の可能性が高いこと、4)金額を合理的に見積もることができることの4つがあげられる。

① （ア）繰延資産　（イ）当期
② （ア）繰延資産　（イ）将来
③ （ア）引当金　　（イ）当期
④ （ア）引当金　　（イ）将来

解答欄

【問7】 次の文章の空欄（ア）と（イ）に当てはまる語句の適切な組み合わせを選びなさい。

資産の評価基準は、（ア）基準と（イ）基準に大別できる。（ア）基準は、その資産を取得するために支出した金額を基礎として資産を評価する基準であり、（イ）基準は、その資産の期末時点の市場価格などにより評価する基準である。

① （ア）取得原価　（イ）時価
② （ア）取得原価　（イ）減価償却
③ （ア）時価　　　（イ）取得原価
④ （ア）時価　　　（イ）減価償却

解答欄

123

【問8】 次の資料から固定負債に該当する項目の合計額を計算し、正しい数値を選びなさい。

社債30	支払手形60	退職給付引当金40	未払金70
長期貸付金80	長期借入金50		

① 120　② 150　③ 180　④ 190　⑤ 200

解答欄

【問9】 次の資料から純資産に該当する項目の合計額を計算し、正しい数値を選びなさい。

資本金60	資本剰余金40	利益剰余金50	新株予約権30
社債20	評価・換算差額等70		

① 200　② 230　③ 240　④ 250　⑤ 270

解答欄

【問10】 次の資料から売上原価を計算し、正しい数値を選びなさい。

期末商品棚卸高100	当期商品仕入高2,000	期首商品棚卸高200

① 1,700　② 1,800　③ 1,900　④ 2,100　⑤ 2,300

解答欄

【問11】 X1年度、X2年度の損益計算書の数値が以下に示すとおりであったとき、これに関する記載について、正誤の組み合わせとして正しいものを選びなさい。

	X1年度	X2年度
売上高	4,000百万円	5,000百万円
売上原価	3,000百万円	3,600百万円

（ア）　X2年度の売上原価の伸び率は20％であり、売上高の伸び率は25％である。

（イ）　X2年度の売上高の対前年度比率は125％であり、売上高売上総利益率は28％である。

① （ア）正　（イ）正
② （ア）正　（イ）誤
③ （ア）誤　（イ）正
④ （ア）誤　（イ）誤

解答欄

【問12・問13共通】 次の資料（単位：百万円）により、【問12】と【問13】の文章について、正誤の組み合わせとして正しいものを選びなさい。貸借対照表はここに記載されている項目だけで構成されているものとする。なお、純資産は各自で計算すること。また、純資産を自己資本とみなす。

	A社	B社
流動資産	4,000	6,000
固定資産	4,000	7,000
流動負債	2,500	4,000
固定負債	2,700	3,800
純資産	（　）	（　）
経常利益	1,200	1,560
当期純利益	420	520

【問12】

（ア）	自己資本比率を計算すると、A社のほうがB社よりも高い。
（イ）	正味運転資本を計算すると、B社のほうがA社よりも多い。

① （ア）正　　（イ）正
② （ア）正　　（イ）誤
③ （ア）誤　　（イ）正
④ （ア）誤　　（イ）誤　　　　　　　　解答欄

【問13】

（ア）	自己資本利益率を計算すると、B社のほうがA社よりも高い。
（イ）	総資本経常利益率を計算すると、A社のほうがB社よりも高い。

① （ア）正　　（イ）正
② （ア）正　　（イ）誤
③ （ア）誤　　（イ）正
④ （ア）誤　　（イ）誤　　　　　　　　解答欄

3　次の同業種のＡ社とＢ社に関する＜資料１＞から＜資料３＞
により【問１】から【問10】の設問に答えなさい。
なお、分析にあたっては、以下の条件に従って解答すること。

〈条件〉

1．貸借対照表の数値と従業員数は期末の数値を用いる。
2．純資産を自己資本とみなす。
3．△はマイナスを意味する。
4．計算にあたって端数が出る場合は、小数点以下第２位を四捨五入
する。

＜資料１＞貸借対照表

(単位：百万円)

	Ａ社	Ｂ社
資産の部		
流動資産		
現金及び預金	3,500	2,500
受取手形	500	800
売掛金	5,200	3,000
契約資産	1,000	500
有価証券	280	100
商品及び製品	（　ア　）	300
仕掛品	200	300
原材料及び貯蔵品	50	30
その他	150	100
貸倒引当金	△50	△40
流動資産合計	（　　）	7,590
固定資産		
有形固定資産		
建物及び構築物	2,000	1,000
機械装置	100	50
車両運搬具	50	70
工具器具備品	100	60
土地	3,000	800
その他	100	20
有形固定資産合計	5,350	2,000
無形固定資産		
のれん	300	100
特許権	1,000	650

ソフトウェア	500	200
その他	100	50
無形固定資産合計	1,900	1,000
投資その他の資産		
投資有価証券	1,400	400
関係会社株式	850	400
長期貸付金	200	100
貸倒引当金	△30	△10
投資その他の資産合計	2,420	890
固定資産合計	9,670	3,890
資産合計	21,000	11,480
負債の部		
流動負債		
支払手形	800	600
買掛金	3,000	2,500
契約負債	500	300
短期借入金	1,000	700
1年内償還予定の社債	200	200
未払金	500	300
未払法人税等	400	300
預り金	200	100
流動負債合計	6,600	5,000
固定負債		
社債	1,800	800
長期借入金	1,400	1,000
その他	500	500
固定負債合計	3,700	2,300
負債合計	10,300	7,300
純資産の部		
株主資本		
資本金	3,000	2,000
資本剰余金	1,400	600
利益剰余金	6,000	1,600
自己株式	(イ)	△100
株主資本合計	10,350	4,100
その他有価証券評価差額金	30	20

（単位：百万円）

	A社	B社
新株予約権	320	60
純資産合計	10,700	4,180
負債・純資産合計	21,000	11,480

<資料２>損益計算書

（単位：百万円）

	A社	B社
売上高	50,000	20,000
売上原価	（　　　）	12,000
売上総利益	（　　　）	8,000
販売費及び一般管理費	22,000	6,000
営業利益	（　　　）	2,000
営業外収益	（　ウ　）	300
営業外費用	800	500
経常利益	2,700	1,800
特別利益	50	20
特別損失	80	20
税引前当期純利益	2,670	1,800
法人税、住民税及び事業税	850	500
法人税等調整額	△100	△50
当期純利益	1,920	1,350

<資料３>その他の資料

A社
　売上高売上総利益率50％
　従業員数2,000人
B社
　従業員数800人
業界平均値
　売上高営業利益率 8 ％

【問1】　空欄（ア）に当てはまる数値を選びなさい。

① 　300　　② 　400　　③ 　500　　④ 　600

解答欄 □

【問2】 空欄（イ）に当てはまる数値を選びなさい。
① △50　② △60　③ 50　④ 60

解答欄

【問3】 空欄（ウ）に当てはまる数値を選びなさい。
① 1,100　② 800　③ 500　④ 300

解答欄

【問4】 次の文章について、正誤の組合せとして正しいものを選びなさい。

（ア） 貸借対照表構成比率は、貸借対照表の各項目の金額を純資産合計で割って百分比（％）で表現したものである。
（イ） 流動資産の貸借対照表構成比率は、B社のほうが低い。

① （ア）正　　（イ）正
② （ア）正　　（イ）誤
③ （ア）誤　　（イ）正
④ （ア）誤　　（イ）誤

解答欄

【問5】 次の文章について、正誤の組合せとして正しいものを選びなさい。

（ア） 営業利益とは、売上総利益から販売費及び一般管理費を控除した利益のことである。
（イ） 売上高営業利益率を業界平均値と比べると、A社もB社も優れている。

① （ア）正　　（イ）正
② （ア）正　　（イ）誤
③ （ア）誤　　（イ）正
④ （ア）誤　　（イ）誤

解答欄

【問6】　次の文章について、正誤の組合せとして正しいものを選びな
さい。

| （ア）　毎年の売上高の伸び率がA社5％、B社20％とすると、8年後
　　　にはB社の売上高はA社の売上高を超えることになる。
（イ）　伸び率は、必ずプラスの値になる。 |

① （ア）正　　（イ）正
② （ア）正　　（イ）誤
③ （ア）誤　　（イ）正
④ （ア）誤　　（イ）誤　　　　　　　　　　　　　解答欄

【問7】　次の文章について、正誤の組合せとして正しいものを選びな
さい。

| （ア）　手元流動性とは、現金と売掛金と有価証券の合計額である。
（イ）　手元流動性は、A社のほうが大きい。 |

① （ア）正　　（イ）正
② （ア）正　　（イ）誤
③ （ア）誤　　（イ）正
④ （ア）誤　　（イ）誤　　　　　　　　　　　　　解答欄

【問8】　次の文章について、正誤の組合せとして正しいものを選びな
さい。

| （ア）　財務レバレッジは、負債比率の逆数である。
（イ）　自己資本比率は、B社のほうが高い。 |

① （ア）正　　（イ）正
② （ア）正　　（イ）誤
③ （ア）誤　　（イ）正
④ （ア）誤　　（イ）誤　　　　　　　　　　　　　解答欄

【問9】 次の文章について、正誤の組合せとして正しいものを選びなさい。

(ア) 従業員1人当たり売上高は、A社のほうがB社よりも多い。
(イ) 従業員1人当たり売上高は、A社が20％、B社が30％の伸び率を実現した場合に、その差は1.2倍以上になる。

① (ア)正　　(イ)正
② (ア)正　　(イ)誤
③ (ア)誤　　(イ)正
④ (ア)誤　　(イ)誤　　　　　　　　　　解答欄 [　　　　]

【問10】 次の文章について、正誤の組合せとして正しいものを選びなさい。

(ア) 総資本経常利益率は、売上高経常利益率と総資本回転率の2つの指標に分解することができる。
(イ) 総資本の投資効率は、A社のほうが高い。

① (ア)正　　(イ)正
② (ア)正　　(イ)誤
③ (ア)誤　　(イ)正
④ (ア)誤　　(イ)誤　　　　　　　　　　解答欄 [　　　　]

第1章
第2章
第3章
第4章
第5章
第6章

4　次のA社に関する＜資料1＞から＜資料4＞により、【問1】から【問11】の設問に答えなさい。
　　なお、分析にあたっては、以下の条件に従って解答すること。

＜条件＞

1．貸借対照表の数値と従業員数は期末の数値を用いる。
2．純資産を自己資本とみなす。
3．△はマイナスを意味する。
4．計算にあたって端数が出る場合は、小数点以下第2位を四捨五入する。
5．貸借対照表の現金及び預金とキャッシュ・フロー計算書の現金及び現金同等物は、等しいものとする。

＜資料1＞貸借対照表

（単位：百万円）

	×1年度	×2年度
資産の部		
流動資産		
現金及び預金	180,000	260,000
売掛金	170,000	220,000
棚卸資産	100,000	140,000
その他	10,000	20,000
流動資産合計	460,000	640,000
固定資産		
有形固定資産	200,000	180,000
無形固定資産	30,000	50,000
投資その他の資産	250,000	240,000
固定資産合計	480,000	470,000
資産合計	940,000	1,110,000
負債の部		
流動負債	370,000	520,000
固定負債	100,000	90,000
負債合計	470,000	610,000
純資産の部		
株主資本	450,000	460,000
評価・換算差額等	20,000	40,000
純資産合計	470,000	500,000
負債・純資産合計	940,000	1,110,000

＜資料２＞損益計算書

(単位：百万円)

	×１年度	×２年度
売上高	700,000	750,000
売上原価	550,000	520,000
売上総利益	**150,000**	**230,000**
販売費及び一般管理費	100,000	130,000
営業利益	**50,000**	**100,000**
営業外収益	5,000	6,000
営業外費用	10,000	15,000
経常利益	**45,000**	**91,000**
税引前当期純利益	**45,000**	**91,000**
法人税、住民税及び事業税	10,000	30,000
法人税等調整額	△1,000	△2,000
法人税等合計	**9,000**	**28,000**
当期純利益	**36,000**	**63,000**

＜資料３＞キャッシュ・フロー計算書

(単位：百万円)

	×１年度	×２年度
営業活動によるキャッシュ・フロー	100,000	130,000
投資活動によるキャッシュ・フロー	△5,000	△20,000
財務活動によるキャッシュ・フロー	△20,000	（　ア　）
現金及び現金同等物の増減額	75,000	80,000
現金及び現金同等物の期首残高	105,000	180,000
現金及び現金同等物の期末残高	180,000	260,000

＜資料４＞その他の資料

	×１年度	×２年度
発行済株式数（百万株）	100	110
１株当たり株価（百万円）	12,000	13,000
配当金総額（百万円）	1,000	1,200

【問１】　空欄（ア）に当てはまる数値を選びなさい。

①　30,000　　②　△30,000　　③　70,000　　④　△70,000

解答欄

【問2】 次の文章について、正誤の組み合わせとして正しいものを選びなさい。

> （ア）　当座比率は、銀行が融資を行うさいの判断基準に利用したことから銀行家比率とも呼ばれた。
> （イ）　A社の当座比率は、×2年度に改善した。

① （ア）正　　（イ）正
② （ア）正　　（イ）誤
③ （ア）誤　　（イ）正
④ （ア）誤　　（イ）誤　　　　　　　　　　　　　解答欄

【問3】 次の文章について、正誤の組み合わせとして正しいものを選びなさい。

> （ア）　正味運転資本がプラスの場合は、流動比率は必ず100%超になる。
> （イ）　A社の流動比率は、×2年度に改善した。

① （ア）正　　（イ）正
② （ア）正　　（イ）誤
③ （ア）誤　　（イ）正
④ （ア）誤　　（イ）誤　　　　　　　　　　　　　解答欄

【問4】 次の文章について、正誤の組み合わせとして正しいものを選びなさい。

> （ア）　自己資本当期純利益率は、売上高当期純利益率×総資本回転率×財務レバレッジで求められる。
> （イ）　A社の自己資本当期純利益率は、×2年度に改善した。

① （ア）正　　（イ）正
② （ア）正　　（イ）誤
③ （ア）誤　　（イ）正
④ （ア）誤　　（イ）誤　　　　　　　　　　　　　解答欄

【問5】 次の文章について、正誤の組み合わせとして正しいものを選びなさい。

> （ア） A社の売上高の伸び率は、営業利益の伸び率よりも大きい。
> （イ） A社の営業利益の対前年度比率は、経常利益の対前年度比率よりも大きい。

① （ア）正　（イ）正
② （ア）正　（イ）誤
③ （ア）誤　（イ）正
④ （ア）誤　（イ）誤　　　　　　　　　 解答欄

【問6】 次の文章について、正誤の組み合わせとして正しいものを選びなさい。

> （ア） フリー・キャッシュ・フローは、営業活動で稼いだキャッシュで投資や債務返済を行ったのち、さらに自由に使えるキャッシュのあり高を示すものである。
> （イ） A社のフリー・キャッシュ・フローは、×2年度に増加した。

① （ア）正　（イ）正
② （ア）正　（イ）誤
③ （ア）誤　（イ）正
④ （ア）誤　（イ）誤　　　　　　　　　 解答欄

【問7】 次の文章について、正誤の組み合わせとして正しいものを選びなさい。

> （ア） キャッシュ・フロー計算書は、2年間のキャッシュの流れ（フロー）を分析する書類である。
> （イ） A社が営業活動によるキャッシュ・フローの×3年度の対前年度比率を、×2年度の対前年度比率以上にするためには、×3年度の営業キャッシュ・フローを169,000超にする必要がある。

① （ア）正　（イ）正
② （ア）正　（イ）誤
③ （ア）誤　（イ）正
④ （ア）誤　（イ）誤　　　　　　　　　 解答欄

第1章
第2章
第3章
第4章
第5章
第6章

135

【問8】　次の文章について、正誤の組み合わせとして正しいものを選びなさい。

| （ア）　1株当たり当期純利益は、BPSと表現される。 |
| （イ）　A社の1株当たり当期純利益は、×2年度に増加した。 |

① （ア）正　　（イ）正
② （ア）正　　（イ）誤
③ （ア）誤　　（イ）正
④ （ア）誤　　（イ）誤　　　　　　　　　解答欄

【問9】　次の文章について、正誤の組み合わせとして正しいものを選びなさい。

| （ア）　株価収益率は、利益水準の何倍の株価が付いているかを表す指標であり、株価の高低を判断する目安として用いられる。 |
| （イ）　A社の×1年度の株価収益率は、33.3倍である。 |

① （ア）正　　（イ）正
② （ア）正　　（イ）誤
③ （ア）誤　　（イ）正
④ （ア）誤　　（イ）誤　　　　　　　　　解答欄

【問10】　次の文章について、正誤の組み合わせとして正しいものを選びなさい。

| （ア）　1株当たり配当額は、「配当金総額÷発行済株式数」で求められる。 |
| （イ）　A社の×2年度の1株当たり配当額は、×1年度より減少した。 |

① （ア）正　　（イ）正
② （ア）正　　（イ）誤
③ （ア）誤　　（イ）正
④ （ア）誤　　（イ）誤　　　　　　　　　解答欄

【問11】 次の文章について、正誤の組み合わせとして正しいものを選びなさい。

（ア） 配当性向は、「配当金総額÷当期純利益×100」で求められる。
（イ） A社の内部留保は、×2年度のほうが×1年度に比べて大きいと推定される。

① （ア）正　　（イ）正
② （ア）正　　（イ）誤
③ （ア）誤　　（イ）正
④ （ア）誤　　（イ）誤

解答欄

模擬問題②

1　次の【問1】から【問10】の設問に答えなさい。

【問1】　財務諸表分析に関する次の文章について、正誤の組み合わせ
　　　　として正しいものを選びなさい。

> （ア）　時系列比較は、数期間にわたって数値や指標の推移をみるため、
> 　　　悪化や改善の傾向を把握するのに適している。
> （イ）　時系列比較には、対基準年度比率よりも対前年度比率のほうが、
> 　　　より適した指標である。

　　① （ア）正　　（イ）正
　　② （ア）正　　（イ）誤
　　③ （ア）誤　　（イ）正
　　④ （ア）誤　　（イ）誤　　　　　　　　　　　　解答欄

【問2】　次の文章について、正誤の組み合わせとして正しいものを選
　　　　びなさい。

> （ア）　総額主義の原則により、資産の項目と収益の項目を相殺して貸
> 　　　借対照表から除外してはならない。
> （イ）　重要性の原則により、項目の性質や金額について重要性が低い
> 　　　場合には、簡潔に示すことができる。

　　① （ア）正　　（イ）正
　　② （ア）正　　（イ）誤
　　③ （ア）誤　　（イ）正
　　④ （ア）誤　　（イ）誤　　　　　　　　　　　　解答欄

第1章

第2章

第3章

第4章

第5章

第6章

【問3】 次の文章について、正誤の組み合わせとして正しいものを選びなさい。

> （ア）　のれんは、営業を譲り受けたさいに、相手方の超過収益力を評価して対価を支払うなどによって生じたものであり、無形固定資産として計上される。
>
> （イ）　創立費は、対価の支払いは完了しているが、役務の提供をまだ受けていないため、繰延資産として資産の部に計上することが認められている。

① （ア）正　　（イ）正
② （ア）正　　（イ）誤
③ （ア）誤　　（イ）正
④ （ア）誤　　（イ）誤　　　　　　　　　　　|解答欄|　　　　　|

【問4】 次の文章について、正誤の組み合わせとして正しいものを選びなさい。

> （ア）　純資産の項目の1つである株主資本は、発生の性質に着目した場合、払込資本と留保利益から成るといえる。
>
> （イ）　純資産のことを自己資本というのに対して、返済が必要な調達資金であることから、負債のことを他人資本ともいう。

① （ア）正　　（イ）正
② （ア）正　　（イ）誤
③ （ア）誤　　（イ）正
④ （ア）誤　　（イ）誤　　　　　　　　　　　|解答欄|　　　　　|

【問5】 次の文章について、正誤の組み合わせとして正しいものを選びなさい。

> （ア）　営業活動によるキャッシュ・フローの区分を直接法で表示すると、営業活動によるキャッシュ・フローを構成する項目の金額を直接把握することができる。
>
> （イ）　営業活動によるキャッシュ・フローの区分を直接法で表示すると、期間損益とキャッシュ・フローの関係が明らかになる。

① （ア）正　　（イ）正
② （ア）正　　（イ）誤
③ （ア）誤　　（イ）正
④ （ア）誤　　（イ）誤　　　　　　　　　　　|解答欄|　　　　　|

【問6】　次の文章について、正誤の組み合わせとして正しいものを選びなさい。

（ア）　財務活動によるキャッシュ・フローの区分には、株式の発行による収入、他社の株式の取得による支出、配当金の支払いなどが記載される。
（イ）　キャッシュ・フロー計算書の現金及び現金同等物の期末残高と、貸借対照表に表示されている項目の金額との関係は、注記に開示しなければならない。

① （ア）正　　（イ）正
② （ア）正　　（イ）誤
③ （ア）誤　　（イ）正
④ （ア）誤　　（イ）誤　　　　　　　　　　　　解答欄

【問7】　財務諸表分析に関する次の文章について、正誤の組み合わせとして正しいものを選びなさい。

（ア）　分析から得られた数値の良否の判断は、指標ごとに定められた絶対基準に照らして行うことが適当である。
（イ）　投資者が一般に公開された財務諸表を用いて行う分析は、外部分析に該当する。

① （ア）正　　（イ）正
② （ア）正　　（イ）誤
③ （ア）誤　　（イ）正
④ （ア）誤　　（イ）誤　　　　　　　　　　　　解答欄

【問8】　次の文章について、正誤の組み合わせとして正しいものを選びなさい。

（ア）　ＥＰＳが400円、ＰＥＲが20倍のとき、1株当たりの株価は20円である。
（イ）　当期純利益が2,000百万円で、発行済株式数が10百万株のとき、ＲＯＥは200円である。

① （ア）正　　（イ）正
② （ア）正　　（イ）誤
③ （ア）誤　　（イ）正
④ （ア）誤　　（イ）誤　　　　　　　　　　　　解答欄

【問9】 次の文章について、正誤の組み合わせとして正しいものを選びなさい。

> （ア） 財務諸表の役割は、企業のステークホルダーが意思決定を行うことができるよう、企業に関する情報を提供することにある。
> （イ） 企業にかかわるステークホルダーは多様であるが、それぞれのステークホルダーの企業に対する関心事は一様である。

① （ア）正　　（イ）正
② （ア）正　　（イ）誤
③ （ア）誤　　（イ）正
④ （ア）誤　　（イ）誤　　　　　　　　　　解答欄

【問10】 費用と収益の対応に関する次の文章について、正誤の組み合わせとして正しいものを選びなさい。

> （ア） 売上高と販売費及び一般管理費の対応関係は、個別的対応である。
> （イ） 受取利息と支払利息の対応関係は、期間的対応である。

① （ア）正　　（イ）正
② （ア）正　　（イ）誤
③ （ア）誤　　（イ）正
④ （ア）誤　　（イ）誤　　　　　　　　　　解答欄

② 次の【問1】から【問13】の設問に答えなさい。

【問1】 次の項目のうち、貸借対照表の純資産の部に示される項目の適切な組み合わせを選びなさい。

ア.資本金	イ.新株予約権	ウ.払込資本
エ.資本剰余金	オ.利益剰余金	カ.その他有価証券評価差額金

① アイエオ　② アウエオカ　③ イウエカ　④ アイエオカ
⑤ アイオカ

解答欄

【問2】 次の項目のうち、特別損益に含まれる項目の適切な組み合わせを選びなさい。

ア.前期損益修正損	イ.雑収入	ウ.固定資産売却益
エ.減価償却費	オ.受取配当金	カ.投資有価証券売却損

① アイウカ　② アウ　③ アウカ　④ アウエオ　⑤ アカ

解答欄

【問3】 次の項目のうち、流動資産に含まれる項目の適切な組み合わせを選びなさい。

ア.受取手形	イ.仕掛品	ウ.短期貸付金	エ.契約資産
オ.買掛金	カ.投資有価証券		

① アイウ　② アイウエ　③ アイエ　④ アウエ　⑤ アウオカ

解答欄

【問4】 次の項目のうち、現金及び現金同等物に含まれる項目の個数を選びなさい。

ア.手元現金	イ.容易に売買可能な市場性のある株式	ウ.普通預金
エ.通知預金	オ.1年満期の定期預金	

① 1つ　② 2つ　③ 3つ　④ 4つ　⑤ 5つ

解答欄

【問5】 次の文章の空欄（ア）と（イ）に当てはまる語句の適切な組み
合わせを選びなさい。

収益は原則として（ア）主義によって、対価の受取りが確実となった
時点でその収入額にもとづいて計上される。そして、収益に対応する費
用は、（イ）主義によって、その支出額にもとづいて計上される。

① （ア）実現　（イ）発生
② （ア）販売　（イ）発生
③ （ア）販売　（イ）実現
④ （ア）実現　（イ）販売

解答欄

【問6】 次の文章の空欄（ア）と（イ）に当てはまる語句の適切な組み
合わせを選びなさい。

損益計算書では、売上高から売上原価を控除して（ア）利益を、（ア）
利益から（イ）を控除して営業利益を表示している。

① （ア）営業　　（イ）販売費及び一般管理費
② （ア）営業　　（イ）営業外費用
③ （ア）売上総　（イ）販売費及び一般管理費
④ （ア）売上総　（イ）営業外費用

解答欄

【問7】 次の文章の空欄（ア）と（イ）に当てはまる語句の適切な組み
合わせを選びなさい。

資産および負債の貸借対照表での表示について、流動項目と固定項
目に区分する基準として、（ア）と（イ）がある。2つの基準を適用する
にあたっては、（ア）が優先して適用される。

① （ア）ワンイヤールール　（イ）時価基準
② （ア）ワンイヤールール　（イ）正常営業循環基準
③ （ア）正常営業循環基準　（イ）ワンイヤールール
④ （ア）正常営業循環基準　（イ）時価基準

解答欄

【問8】　次の文章の空欄（ア）と（イ）に当てはまる語句の適切な組み合わせを選びなさい。

> 貸借対照表は一定時点における企業の（ア）を表示し、損益計算書は一定期間における企業の（イ）を表示する計算書である。

①　（ア）経営成績　（イ）財政状態
②　（ア）財政状態　（イ）経営成績
③　（ア）財政状態　（イ）市場占有率
④　（ア）経営成績　（イ）市場占有率

解答欄

【問9】　次の文章の空欄（ア）と（イ）に当てはまる語句の適切な組み合わせを選びなさい。

> 貸借対照表では、固定資産を取得するために支出した金額である取得原価から、年々の価値の下落の合計額である（ア）を差し引いた金額で表示される。年々の価値の下落は（イ）として、損益計算書に、それぞれの会計期間の費用として計算される。

①　（ア）減価償却累計額　（イ）減価償却費
②　（ア）減価償却累計額　（イ）残存価額
③　（ア）固定資産除却損　（イ）減価償却費
④　（ア）固定資産除却損　（イ）残存価額

解答欄

【問10】　次の資料から営業利益を計算し、正しい数値を選びなさい。解答にあたっては、与えられた資料のみによって計算するものとする。

| 広告宣伝費300 | 売上高5,500 | 支払利息100 | 給与500 |
| 売上原価3,000 | 租税公課200 | | |

①　1,400　②　1,500　③　1,600　④　1,700　⑤　1,800

解答欄

【問11】 次の資料から棚卸資産に該当する項目の合計額を計算し、正しい数値を選びなさい。解答にあたっては、与えられた資料のみによって計算するものとする。

原材料20	売掛金80	商品60	製品160	備品40
仕掛品120				

① 80 　② 200 　③ 240 　④ 360 　⑤ 400

解答欄

【問12】 次の資料から有形固定資産に該当する項目の合計額を計算し、正しい数値を選びなさい。解答にあたっては、与えられた資料のみによって計算するものとする。

車両運搬具30	投資有価証券50	のれん10	土地60
長期貸付金40	建設仮勘定20		

① 90 　② 110 　③ 130 　④ 150 　⑤ 170

解答欄

【問13】 次の資料から売上原価を計算し、正しい数値を選びなさい。解答にあたっては、与えられた資料のみによって計算するものとする。

期末商品棚卸高200	当期商品仕入高1,000	期首商品棚卸高100
売上高3,500	減価償却費300	賞与400

① 600 　② 800 　③ 900 　④ 1,100 　⑤ 2,300

解答欄

3　次の同業種のA社とB社に関する＜資料１＞から＜資料４＞により【問１】から【問10】の設問に答えなさい。
　　なお、分析にあたっては、以下の条件に従って解答すること。

〈条件〉

1．貸借対照表の数値と従業員数は期末の数値を用いる。
2．純資産を自己資本とみなす。
3．△はマイナスを意味する。
4．計算にあたって端数が出る場合は、小数点以下第２位を四捨五入する。

＜資料１＞貸借対照表　　　　　　　　　　　　　　（単位：百万円）

	A社	B社
資産の部		
流動資産	558,644	625,333
固定資産		
有形固定資産	123,000	145,000
無形固定資産	6,500	7,872
投資その他の資産	323,450	453,252
繰延資産	24,570	0
固定資産合計	477,520	606,124
資産合計	1,036,164	1,231,457
負債の部		
流動負債	345,600	518,000
固定負債	380,000	525,000
負債合計	725,600	1,043,000
純資産の部		
株主資本	300,500	186,117
評価・換算差額等	4,500	426
新株予約権	5,564	1,914
純資産合計	310,564	188,457
負債・純資産合計	1,036,164	1,231,457

<資料２>損益計算書

（単位：百万円）

	A社	B社
売上高	355,644	285,466
売上原価	186,252	162,444
売上総利益	169,392	123,022
販売費及び一般管理費	119,234	99,850
営業利益	50,158	23,172
営業外収益	9,540	1,212
営業外費用	2,715	1,315
経常利益	56,983	23,069
特別利益	1,000	0
特別損失	1,677	0
税引前当期純利益	56,306	23,069
法人税、住民税及び事業税	66,300	4,525
法人税等調整額	△14,650	664
法人税等合計	51,650	5,189
当期純利益	4,656	17,880

<資料３>キャッシュ・フロー計算書

（単位：百万円）

	A社	B社
営業活動によるキャッシュ・フロー	120,000	55,000
投資活動によるキャッシュ・フロー	15,000	△12,000
財務活動によるキャッシュ・フロー	△30,000	△30,000
現金及び現金同等物の増減額	105,000	13,000
現金及び現金同等物の期首残高	38,555	75,665
現金及び現金同等物の期末残高	143,555	88,665

<資料４>その他の資料

	A社	B社
発行済株式数（百万株）	500	450
1株当たり株式時価（円）	1,600	950
従業員数（人）	2,240	1,855
1人当たり売上高の業界平均値155百万円		

【問1】 次の文章について、正誤の組み合わせとして正しいものを選びなさい。

> （ア）　有価証券短信は、金融商品取引法の代表的な開示媒体である。
> （イ）　会社法は、主に投資者の保護を目的にしている。

①　（ア）正　　（イ）正
②　（ア）正　　（イ）誤
③　（ア）誤　　（イ）正
④　（ア）誤　　（イ）誤　　　　　　　　　　解答欄

【問2】 次の文章について、正誤の組み合わせとして正しいものを選びなさい。

> （ア）　自己資本当期純利益率は、ROAと表現される。
> （イ）　自己資本当期純利益率は、B社のほうが高い。

①　（ア）正　　（イ）正
②　（ア）正　　（イ）誤
③　（ア）誤　　（イ）正
④　（ア）誤　　（イ）誤　　　　　　　　　　解答欄

【問3】 次の文章について、正誤の組み合わせとして正しいものを選びなさい。

> （ア）　百分比損益計算書は、売上高に占める当期純利益の割合を示したものである。
> （イ）　売上高当期純利益率は、A社のほうが高い。

①　（ア）正　　（イ）正
②　（ア）正　　（イ）誤
③　（ア）誤　　（イ）正
④　（ア）誤　　（イ）誤　　　　　　　　　　解答欄

【問4】　次の文章について、正誤の組み合わせとして正しいものを選びなさい。

（ア）　資本回転率は、投下資本が売上高で効率的に回収されているかを示す指標であり、通常は％で示される。
（イ）　総資本回転率の数値より、A社のほうが資本から効率的に売上高を生み出しているといえる。

① （ア）正　（イ）正
② （ア）正　（イ）誤
③ （ア）誤　（イ）正
④ （ア）誤　（イ）誤　　　　　　　　　　　　解答欄 [　　　]

【問5】　次の文章について、正誤の組み合わせとして正しいものを選びなさい。

（ア）　BPSと表現される1株当たりの指標は、PBRと表現される1株当たり指標の計算要素である。
（イ）　BPSの値はA社のほうが大きく、PBRの値はB社のほうが大きい。

① （ア）正　（イ）正
② （ア）正　（イ）誤
③ （ア）誤　（イ）正
④ （ア）誤　（イ）誤　　　　　　　　　　　　解答欄 [　　　]

【問6】　次の文章について、正誤の組み合わせとして正しいものを選びなさい。

（ア）　時価総額は、株価が刻々と変化するため、M&Aを行うさいの被合併会社の基礎評価額として用いられることはない。
（イ）　A社の時価総額は、B社の時価総額の2倍以上である。

① （ア）正　（イ）正
② （ア）正　（イ）誤
③ （ア）誤　（イ）正
④ （ア）誤　（イ）誤　　　　　　　　　　　　解答欄 [　　　]

【問７】 次の文章について、正誤の組み合わせとして正しいものを選びなさい。

> （ア）　A社・B社ともに、税効果会計を適用している。
> （イ）　A社の税引前当期純利益に対応する税負担額は、66,300である。

① （ア）正　　（イ）正
② （ア）正　　（イ）誤
③ （ア）誤　　（イ）正
④ （ア）誤　　（イ）誤　　　　　　　　　解答欄 ⬚

【問８】 次の文章について、正誤の組み合わせとして正しいものを選びなさい。

> （ア）　費用収益対応の原則とは、実現した収益とその収益を獲得するための費用を対応させ、当期の利益を計算する原則である。
> （イ）　費用収益対応の原則でいう対応は、個別的対応と期間的対応に分けられ、個別的対応で測定されるA社の費用は、119,234である。

① （ア）正　　（イ）正
② （ア）正　　（イ）誤
③ （ア）誤　　（イ）正
④ （ア）誤　　（イ）誤　　　　　　　　　解答欄 ⬚

【問９】 次の文章について、正誤の組み合わせとして正しいものを選びなさい。

> （ア）　間接法によるキャッシュ・フロー計算書では、３つの活動区分のそれぞれを直接法とは異なる形式で表示する。
> （イ）　間接法では、営業活動によるキャッシュ・フローの一番上に表示される利益は、B社の場合は17,880である。

① （ア）正　　（イ）正
② （ア）正　　（イ）誤
③ （ア）誤　　（イ）正
④ （ア）誤　　（イ）誤　　　　　　　　　解答欄 ⬚

【問10】 次の文章について、正誤の組み合わせとして正しいものを選びなさい。

（ア）　1人当たり売上高は、収益性分析の代表的な指標である。
（イ）　1人当たり売上高を業界平均値と比較すると、A社は多いがB社は少ない。

① （ア）正　　（イ）正
② （ア）正　　（イ）誤
③ （ア）誤　　（イ）正
④ （ア）誤　　（イ）誤

解答欄

4　次のA社に関する<資料1>から<資料4>により、【問1】
から【問10】の設問に答えなさい。
　　なお、分析にあたっては、以下の条件に従って解答すること。

〈条件〉

1．貸借対照表の数値と従業員数は期末の数値を用いる。
2．純資産を自己資本とみなす。
3．△はマイナスを意味する。
4．計算にあたって端数が出る場合は、小数点以下第2位を四捨五入する。
5．貸借対照表の現金及び預金とキャッシュ・フロー計算書の現金及び現金同等物は、等しいものとする。

<資料1>貸借対照表

(単位：百万円)

	×1年度	×2年度
資産の部		
流動資産		
現金及び預金	10,000	6,800
受取手形	（　ア　）	3,000
売掛金	3,000	4,000
契約資産	1,000	（　イ　）
電子記録債権	1,000	500
有価証券	3,000	4,000
商品	2,000	2,000
その他	1,000	1,500
流動資産合計	（　　　　）	（　　　　）
固定資産		
有形固定資産		
建物	8,000	7,000
車両運搬具	1,000	2,000
備品	3,000	2,500
土地	10,000	10,000
建設仮勘定	500	0
有形固定資産合計	22,500	21,500
無形固定資産		
ソフトウェア	4,000	3,500
無形固定資産合計	4,000	3,500

投資その他の資産		
投資有価証券	2,000	2,500
長期前払費用	500	200
繰延税金資産	400	200
投資その他の資産合計	2,900	2,900
固定資産合計	29,400	27,900
繰延資産		
開発費	800	600
繰延資産計	800	600
資産合計	53,200	51,800
負債の部		
流動負債		
支払手形	2,500	1,000
買掛金	3,000	2,200
電子記録債務	3,000	3,200
契約負債	500	700
短期借入金	4,000	3,200
未払金	1,000	600
預り金	500	400
賞与引当金	1,000	800
未払法人税等	300	400
その他	200	300
流動負債合計	16,000	12,800
固定負債		
社債	3,000	2,500
長期借入金	2,500	2,500
退職給付引当金	500	1,200
固定負債合計	6,000	6,200
負債合計	22,000	19,000
純資産の部		
株主資本	30,000	31,500
評価・換算差額等	400	600
新株予約権	500	300
株式引受金	300	400
純資産合計	31,200	32,800
負債・純資産計	53,200	51,800

＜資料２＞損益計算書

(単位：百万円)

	×1年度	×2年度
売上高	150,000	160,000
売上原価	105,000	120,000
売上総利益	**45,000**	**40,000**
販売費及び一般管理費	（　ウ　）	42,000
営業利益	（　　　）	△2,000
営業外収益	700	300
営業外費用	400	1,000
経常利益	（　　　）	△2,700
特別利益	0	4,000
特別損失	1,000	0
税引前当期純利益	（　　　）	1,300
法人税、住民税及び事業税	2,200	600
法人税等調整額	△400	△100
当期純利益	（　　　）	800

＜資料３＞キャッシュ・フロー計算書

(単位：百万円)

	×1年度	×2年度
営業活動によるキャッシュ・フロー	12,000	3,000
投資活動によるキャッシュ・フロー	△3,000	（エ）
財務活動によるキャッシュ・フロー	△6,000	△4,700
現金及び現金同等物の増減額	3,000	（　　　）
現金及び現金同等物の期首残高	7,000	（　　　）
現金及び現金同等物の期末残高	10,000	6,800

＜資料４＞その他の資料

	×1年度	×2年度
流動比率（％）	143.75	（　　　）
正味運転資本（百万円）	（　　　）	10,500
売上高当期純利益率（％）	3	0.5
フリー・キャッシュ・フロー（百万円）	9,000	1,500
発行済株式数（百万株）	40	50
時価総額（円）	（　　　）	（　オ　）
株価収益率（倍）	（　　　）	1.5

【問1】 空欄（ア）に当てはまる数値を選びなさい。

① 1,000　② 2,000　③ 4,000　④ 6,000

【問2】 空欄（イ）に当てはまる数値を選びなさい。

① 1,500　② 2,500　③ 3,000　④ 3,500

【問3】 空欄（ウ）に当てはまる数値を選びなさい。

① 25,000　② 30,000　③ 33,000　④ 38,000

【問4】 空欄（エ）に当てはまる数値を選びなさい。

① △500　② △1,500　③ 500　④ 1,500

【問5】 空欄（オ）に当てはまる数値を選びなさい。

① 500　② 800　③ 1,200　④ 1,500

【問6】 次の文章について、正誤の組み合わせとして正しいものを選びなさい。

> （ア）　粗利益とは、売上高から販売費及び一般管理費を差し引いた、本業で稼いだ利益のことである。
> （イ）　粗利益の×2年度の伸び率は、26％である。

① （ア）正　（イ）正
② （ア）正　（イ）誤
③ （ア）誤　（イ）正
④ （ア）誤　（イ）誤

【問7】　次の文章について、正誤の組み合わせとして正しいものを選びなさい。

> （ア）　流動資産は、「正味運転資本＋流動負債」で求められる。
> （イ）　正味運転資本は、×２年度のほうが大きい。

①　（ア）正　　（イ）正
②　（ア）正　　（イ）誤
③　（ア）誤　　（イ）正
④　（ア）誤　　（イ）誤　　　　　　　　　　　　　　解答欄

【問8】　次の文章について、正誤の組み合わせとして正しいものを選びなさい。

> （ア）　貸借対照表を調達源泉からみた場合、投資家から出資された部分を自己資本と呼ぶ。
> （イ）　×１年度のほうが、長期的に財政状態が安定しているといえる。

①　（ア）正　　（イ）正
②　（ア）正　　（イ）誤
③　（ア）誤　　（イ）正
④　（ア）誤　　（イ）誤　　　　　　　　　　　　　　解答欄

【問9】　次の文章について、正誤の組み合わせとして正しいものを選びなさい。

> （ア）　キャッシュ・フロー計算書の現金同等物は、容易に換金可能であるか、または、わずかなリスクしか負わない短期の投資をいう。
> （イ）　×１年度の現金同等物の金額は、13,000である。

①　（ア）正　　（イ）正
②　（ア）正　　（イ）誤
③　（ア）誤　　（イ）正
④　（ア）誤　　（イ）誤　　　　　　　　　　　　　　解答欄

【問10】　次の文章について、正誤の組み合わせとして正しいものを選びなさい。

（ア）　株価や従業員数は、定量情報である。
（イ）　財務諸表や技術力は、定性情報である。

① （ア）正　　（イ）正
② （ア）正　　（イ）誤
③ （ア）誤　　（イ）正
④ （ア）誤　　（イ）誤

解答欄

解答・解説①

1

【問1】 解答：②

（イ）　金融商品取引法の代表的な開示媒体は有価証券報告書であり、EDINETという電子開示システムで公開されます。TDnetは、東京証券取引所が整備した決算短信等の開示システムです。

【問2】 解答：②

（イ）　金融商品取引法の立法趣旨は、投資者が投資の判断を行うための情報開示により、投資者に自己責任の原則のもとで投資行動を行えるようにすることにあります。

【問3】 解答：②

（イ）　「株価収益率＝1株当たり株式時価（株価）÷1株当たり当期純利益」で求めます。株式時価が1株当たり利益の何倍かをみる指標であるため、上限はありません。

【問4】 解答：②

（イ）　定率法は、毎期帳簿価額に対して一定率の割合で減価償却費を算出します。このため、使用をはじめた当初に多くの減価償却費が配分され、しだいに小さくなっていきます。

【問5】 解答：②

（イ）　売上債権の増加額は、税引前当期純利益から減算されます。

【問6】 解答：③

（ア）　「流動比率＝（流動資産÷流動負債）×100」で求めます。流動負債より流動資産のほうが大きければ、100％を超えることになります。

【問7】 解答：③

（ア）　自己資本利益率＝売上高当期純利益率×総資本回転率×財務レバレッジと分解されます。

【問8】 解答：①

貸借対照表は一定時点の財政状態を示し、貸借対照表の資産は資金の運用形態を、負債および純資産は資金の調達源泉を示しています。

【問9】 解答：③

（ア） 貸借対照表では、<u>資産＝負債＋純資産</u>の関係がつねに成立しています。

【問10】 解答：①

利益の獲得プロセスがわかりやすいため、損益計算書では報告式が多く用いられます。

【問11】 解答：②

（イ） 租税公課は会社の利益にかかわらず<u>課される税金</u>であり、<u>販売費及び一般管理費</u>に含められます。

【問12】 解答：④

（ア） 資産は、流動資産と固定資産と<u>繰延資産</u>に分類されます。
（イ） 資産と負債とでは、<u>分類の方法が異なる</u>ことはありません。

【問13】 解答：②

（イ） 棚卸資産は、正常営業循環基準により<u>保有期間にかかわらず流動資産</u>に該当します。

【問14】 解答：④

（ア） 売買目的有価証券は、<u>流動資産</u>の区分に表示されます。
（イ） 満期保有目的の債券のうち、決算日の翌日から1年以内に満期を迎えるものは、<u>流動資産</u>の区分に表示されます。

【問15】 解答：②

（イ） その他有価証券は、<u>固定資産</u>の区分に表示されます。

【問16】 解答：③

（ア） 投資者の投資目的である利益には、株式の値上がり益であるキャピタルゲインと、成果の分配であるインカムゲイン（配当金）があります。1株当たり配当額は、<u>インカムゲイン</u>に関する情報です。

2

【問1】 解答：④

開発費は<u>繰延資産</u>の項目に含まれます。

159

【問2】解答：②

前渡金は仕入代金などを前払いしたもので、流動資産の項目に含まれます。また、退職給付引当金は固定負債の項目に含まれます。

【問3】解答：②

投資有価証券売却損と減損損失は特別損失の項目に含まれます。また、租税公課は販売費及び一般管理費の項目に含まれます。

【問4】解答：④

投資有価証券の取得による支出と貸付金の回収による収入は、投資活動によるキャッシュ・フローに該当します。また、役員に対する報酬の支出は、営業活動によるキャッシュ・フローに該当します。

【問5】解答：②

純資産の内訳項目の理解を問う問題です。株主資本、評価・換算差額等、株式引受権、新株予約権それぞれの内容について、概要を理解しておきましょう。

【問6】解答：④

引当金の意味について問う問題です。なお、繰延資産は、すでにサービスの提供を受けているものの、将来の収益と対応させるために資産として計上されるものです。引当金と繰延資産の違いをしっかりおさえておきましょう。

【問7】解答：①

資産の評価基準について理解を問う問題です。3級では、おおまかに、事業用資産は取得原価で、金融資産は時価で評価されることをおさえておけば十分です。

【問8】解答：①

社債30＋退職給付引当金40＋長期借入金50＝120

なお、支払手形と未払金は流動負債、長期貸付金は固定資産の項目に含まれます。

【問9】解答：④

資本金60＋資本剰余金40＋利益剰余金50＋新株予約権30＋評価・換算差額等70＝250

なお、社債は固定負債の項目に含まれます。また、株主資本の内訳項目の主なものとして、資本金、資本剰余金、利益剰余金があることをおさえておきましょう。

第1章

第2章

第3章

第4章

第5章

第6章

【問10】 解答：④

　　売上原価＝期首商品棚卸高200＋当期商品仕入高2,000－期末商品棚
卸高100＝2,100

　　製造業の場合の計算もおさえておきましょう。

【問11】 解答：①

（ア）　以下のように求められます。

　　　　売上原価の伸び率＝（X2年度3,600－X1年度3,000）÷X1年度
　　　　　　　　　　　　　3,000×100＝20％

　　　　売上高の伸び率＝（X2年度5,000－X1年度4,000）÷X1年度4,000
　　　　　　　　　　　　　×100＝25％

（イ）　以下のように求められます。

　　　　売上高の対前年度比率＝X2年度5,000÷X1年度4,000×100＝125％

　　　　売上高売上総利益率（売上高5,000－売上原価3,600）÷売上高
　　　　5,000×100＝28％

【問12】 解答：③

（ア）　まず、それぞれの純資産を求めます。

　　　A社　　純資産＝流動資産4,000＋固定資産4,000－流動負債2,500
　　　　　　　　　　－固定負債2,700＝2,800

　　　B社　　純資産＝流動資産6,000＋固定資産7,000－流動負債4,000
　　　　　　　　　　－固定負債3,800＝5,200

　　　次に、それぞれの自己資本比率を求めます。

　　　A社　　自己資本比率＝純資産2,800÷（流動資産4,000＋固定資
　　　　　　　産4,000）×100＝35％

　　　B社　　自己資本比率＝純資産5,200÷（流動資産6,000＋固定資
　　　　　　　産7,000）×100＝40％

　　　よって、B社のほうが高いことがわかります。

（イ）　それぞれの正味運転資本を求めます。

　　　A社　　正味運転資本＝流動資産4,000－流動負債2,500
　　　　　　　　　　　　　＝1,500

　　　B社　　正味運転資本＝流動資産6,000－流動負債4,000
　　　　　　　　　　　　　＝2,000

　　　よって、B社のほうが多いことがわかります。

【問13】 解答：③

（ア）　それぞれの自己資本利益率を求めます。

　　　A社　　自己資本利益率＝当期純利益420÷純資産2,800×100
　　　　　　　　　　　　　＝15％

　　　B社　　自己資本利益率＝当期純利益520÷純資産5,200×100
　　　　　　　　　　　　　　　＝10％
　　　　　よって、A社のほうが高いことがわかります。
（イ）　それぞれの総資本経常利益率を求めます。
　　　A社　　総資本経常利益率＝経常利益1,200÷（流動資産4,000＋
　　　　　　　固定資産4,000)×100＝15％
　　　B社　　総資本経常利益率＝経常利益1,560÷（流動資産6,000＋
　　　　　　　固定資産7,000)×100＝12％
　　　　　よって、A社のほうが高いことがわかります。

③　　　　　　　　　　　　　　　　　　　　　　※金額の単位は百万円

【問1】解答：③

　商品及び製品の金額は、流動資産－商品・製品以外の流動資産合計
から求められます。まず、流動資産合計の金額を求めます。
　流動資産合計＝資産合計21,000－固定資産9,670
　流動資産合計＝11,330
　商品及び製品＝流動資産11,330－商品・製品以外の流動資産合計
10,830＝500

【問2】解答：①

　自己株式の金額は、株主資本－自己株式以外の株主資本合計から求
められます。
　自己株式＝株主資本10,350－自己株式以外の株主資本合計10,400
　　　　　　＝△50

【問3】解答：③

　営業利益＋営業外収益－営業外費用＝経常利益
　よって、営業外収益は、経常利益－営業利益＋営業外費用で求めら
れます。まず、売上総利益を求めます。
　売上高売上総利益率（売上総利益÷売上高)50％より、売上総利益
＝売上高50,000×0.5＝25,000
　営業利益＝売上総利益25,000－販売費及び一般管理費22,000＝3,000
　経常利益2,700＝営業利益3,000＋営業外収益－営業外費用800
　営業外収益＝経常利益2,700－営業利益3,000＋営業外費用800＝500

【問4】解答：④

（ア）　貸借対照表構成比率は、貸借対照表の各項目の金額を資産合
　　計（または負債・純資産合計）で割って百分比（％）で表現した

ものです。

（イ）　流動資産の貸借対照表構成比率（流動資産合計÷資産合計）を比べると、以下のとおりです。

　　A社　【問1】より、流動資産合計11,330
　　　　　流動資産合計11,330÷資産合計21,000×100≒54.0%
　　B社　流動資産合計7,590÷資産合計11,480×100≒66.1%
　　　　　よって、B社のほうが高いことがわかります。

【問5】解答：②

（イ）　売上高営業利益率を業界平均値業界平均値8％と比べると、以下のとおりです。

　　A社　【問3】より、営業利益3,000
　　　　　売上高営業利益率＝営業利益3,000÷売上高50,000×100
　　　　　＝6％
　　B社　売上高営業利益率＝営業利益20,000÷売上高2,000×100
　　　　　＝10％

　　よって、業界平均値と比べるとB社は優れていますが、A社は劣っていることがわかります。

【問6】解答：②

（ア）　毎年の売上高の伸び率がA社5％、B社20%とすると、8年後には以下のとおりです。

　　A社　売上高50,000×1.05^8≒73872.8
　　B社　売上高20,000×1.2^8≒85996.3
　　　　　よって、B社はA社を超えることがわかります。

（イ）　伸び率は、マイナスの値になることもあります。

【問7】解答：③

（ア）　手元流動性は、現金及び預金と（流動資産のうちの）有価証券の合計額です。投資有価証券は含まないことに注意してください。

（イ）　手元流動性は、以下のとおりです。

　　A社　手元流動性＝現金及び預金3,500＋有価証券280＝3,780
　　B社　手元流動性＝現金及び預金2,500＋有価証券100＝2,600
　　　　　よって、A社のほうが大きいことがわかります。

【問8】解答：④

（ア）　財務レバレッジは、自己資本比率の逆数です。

（イ）　A社とB社の自己資本比率は、以下のとおりです。

　　A社　自己資本比率＝純資産合計10,700÷負債・純資産合計

21,000 × 100 ÷ 51.0%

　B社　自己資本比率＝純資産合計4,180÷負債・純資産合計

11,480 × 100 ÷ 36.4%

よって、B社のほうが<u>低い</u>ことがわかります。

【問9】解答：④

（ア）　従業員1人当たり売上高は、以下のとおりです。

A社　従業員1人当たり売上高＝売上高50,000÷従業員数2,000
　　＝25

B社　従業員1人当たり売上高＝売上高20,000÷従業員数800
　　＝25

よって、<u>A社とB社は等しい</u>ことがわかります。

（イ）　従業員1人当たり売上高について、A社が20％、B社が30％
の伸び率を実現した場合は、以下のとおりです。

A社　従業員1人当たり売上高25 × 1.2 ＝ 30

B社　従業員1人当たり売上高25 × 1.3 ＝ 32.5

B社32.5 ÷ A社30 ÷ 1.1

よって、A社とB社の差は<u>1.2倍よりも少ない</u>ことがわかります。

【問10】解答：①

（ア）　総資本経常利益率は、売上高経常利益率（経常利益÷売上高
× 100）と総資本回転率（売上高÷総資本）の2つの指標に分解
できます。

（イ）　総資本の投資効率は、総資本回転率の大きさで判断され、そ
れぞれ以下のとおりです。

A社　総資本回転率＝売上高50,000÷総資本（負債・純資産合計）
21,000 ÷ 2.4回

B社　総資本回転率＝売上高20,000÷総資本（負債・純資産合計）
11,480 ÷ 1.7回

よって、<u>A社のほうが高い</u>ことがわかります。

4　　　　　　　　　　　　　　　　　　　　　　　　　　※数値の単位は百万

【問1】解答；②

財務活動によるキャッシュ・フロー＝現金及び現金同等物の増減額
80,000 − 営業活動によるキャッシュ・フロー130,000 − 投資活動による
キャッシュ・フロー△20,000 ＝ △30,000

第1章

第2章

第3章

第4章

第5章

第6章

【問2】 解答：④

（ア） 銀行家比率とも呼ばれたのは、流動比率です。

（イ） A社の当座比率は、以下のとおりです。

×1年度　当座比率＝当座資産（流動資産合計460,000－棚卸資産100,000）÷流動負債370,000×100≒97.3%

×2年度　当座比率＝当座資産（流動資産合計640,000－棚卸資産140,000）÷流動負債520,000×100≒96.2%

よって、×2年度に低下したことがわかります。

【問3】 解答：②

（ア） 正味運転資本は、流動資産から流動負債を差し引いて求めます。したがって、正味運転資本がプラスの場合は、流動比率（流動資産÷流動負債）は必ず100%超になります。

（イ） A社の流動比率は、以下のとおりです。

×1年度　流動比率＝流動資産合計460,000÷流動負債370,000×100≒124.3%

×2年度　流動比率＝流動資産合計640,000÷流動負債520,000×100≒123.1%

よって、×2年度に低下したことがわかります。

【問4】 解答：①

（ア） 自己資本当期純利益率は、売上高当期純利益率（当期純利益÷売上高×100）×総資本回転率（売上高÷総資本）×財務レバレッジ（総資本÷自己資本）で求められます。

（イ） A社の自己資本当期純利益率は、以下のとおりです。

×1年度　自己資本当期純利益率＝当期純利益36,000÷純資産合計470,000×100≒7.7%

×2年度　自己資本当期純利益率＝当期純利益63,000÷純資産合計500,000×100＝12.6%

よって、×2年度に改善したことがわかります。

【問5】 解答：④

（ア） A社の売上高の伸び率と営業利益の伸び率は、以下のとおりです。

売上高　伸び率＝（×2年度売上高750,000－×1年度売上高700,000）÷×1年度売上高700,000×100≒7.1%

営業利益　伸び率＝（×2年度営業利益100,000－×1年度営業利益50,000）÷×1年度営業利益50,000×100＝100%

よって、売上高の伸び率は、営業利益の伸び率よりも小さい

ことがわかります。
（イ）　営業利益の対前年度比率と経常利益の対前年度比率は、以下
のとおりです。

営業利益　対前年度比率＝×2年度営業利益100,000÷×1年度
営業利益50,000×100＝200％

経常利益　対前年度比率＝×2年度経常利益91,000÷×1年度
経常利益45,000×100≒202.2％

よって、営業利益の対前年度比率は、経常利益の対前年度比
率よりも小さいことがわかります。

【問6】解答：③

（ア）　フリー・キャッシュ・フローは、営業活動で稼いだキャッシュ
で投資を行ったのち、さらに自由に使えるキャッシュのあり高
を示します。債務返済は、フリー・キャッシュ・フローから行い
ます。

（イ）　A社のフリー・キャッシュ・フローは、以下のとおりです。

×1年度　フリー・キャッシュ・フロー＝営業活動によるキャッ
シュ・フロー100,000＋投資活動によるキャッシュ・フ
ロー△5,000＝95,000

×2年度　フリー・キャッシュ・フロー＝営業活動によるキャッ
シュ・フロー130,000＋投資活動によるキャッシュ・フ
ロー△20,000＝110,000

よって、×2年度に増加したことがわかります。

【問7】解答：④

（ア）　キャッシュ・フロー計算書は、1年間のキャッシュの流れ（フ
ロー）を分析する書類です。

（イ）　A社の営業活動によるキャッシュ・フローの×2年度対前年
度比率は、以下のとおりです。

×2年度営業活動によるキャッシュ・フロー130,000÷×1年度
営業活動によるキャッシュ・フロー100,000×100＝130％

×2年度の対前年度比率以上にするための×3年度の営業活
動によるキャッシュ・フローは、以下のとおりです。

×2年度営業活動によるキャッシュ・フロー130,000××2年度
対前年度比率130÷100＝169,000

よって、169,000以上であればよいことわかります。

【問8】解答：③

（ア）　1株当たり当期純利益は、EPS（Earnings Per Share）と表現さ

れます。BPS(Price Earnings Ratio)は、<u>株価収益率</u>のことです。
（イ）　A社の1株当たり当期純利益は、以下のとおりです。
　　　　×1年度　1株当たり当期純利益＝当期純利益36,000÷発行済
　　　　　　　　株式数100＝360
　　　　×2年度　1株当たり当期純利益＝当期純利益63,000÷発行済
　　　　　　　　株式数110≒572.7
　　　　よって、×2年度に増加したことがわかります。

【問9】 解答：①
（イ）　×1年度の株価収益率＝1株当たり株価12,000÷1株当たり
　　　当期純利益360(【問8】（イ)より)≒33.3倍

【問10】 解答：②
（イ）　A社の1株当たり配当額は、以下のとおりです。
　　　　×1年度　1株当たり配当額＝配当金総額1,000÷発行済株式数
　　　　　　　　100＝10
　　　　×2年度　1株当たり配当額＝配当金総額1,200÷発行済株式数
　　　　　　　　110≒10.9
　　　　よって、×2年度は、<u>×1年度より増加した</u>ことがわかります。

【問11】 解答：①
（イ）　一般的には、当期純利益の配分先は、配当金または内部留保
　　　になります。したがって、配当性向が少ない場合は、内部留保
　　　が大きいと推定されます。A社の配当性向は、以下のとおりで
　　　す。
　　　　×1年度　配当性向＝1株当たり配当額10(【問10】（イ)より)
　　　　　　　　÷1株当たり当期純利益360(【問8】（イ)より)
　　　　　　　　×100≒2.8
　　　　×2年度　配当性向＝1株当たり配当額10.9(【問10】（イ)より)
　　　　　　　　÷1株当たり当期純利益572.7(【問8】（イ)より)
　　　　　　　　×100≒1.9
　　　　よって、×2年度のほうが×1年度より大きいと推定されま
　　　す。

解答・解説②

1

【問 1】 解答：②

（イ）　特定の基準年度の数値に対する割合の推移をみることができるため、数期間での時系列比較には対基準年度比率のほうが適しています。

【問 2】 解答：③

（ア）　貸借対照表でいう総額主義とは、「資産の項目と負債の項目または純資産の項目を相殺してはならない」という原則です。設問の収益は、損益計算書の項目です。なお、損益計算書でも、総額主義の原則の考え方がとられています。収益の項目と費用の項目は、原則として、相殺せず総額で表示することになっています。

【問 3】 解答：②

（イ）　繰延資産は、対価の支払いが完了し、役務の提供もすでに受けているものの、その効果が将来に現れると期待されるものです。このため、資産として計上することが認められています。

【問 4】 解答：①

払込資本は、株主から払い込まれた元本に相当する部分をいいます。また、留保利益は、払込資本を元手に企業がもうけ（利益）を生み出し、蓄積（留保）した部分をいいます。払込資本、留保利益、自己資本、他人資本という呼称は、いずれも企業が調達する資本の性質からつけられているものです。貸借対照表の表示項目ではないことに注意しましょう。

【問 5】 解答：②

（イ）　設問の期間損益とは、損益計算書で示される利益・損失のことを意味しています。間接法による場合は、税引前当期純利益と営業活動によるキャッシュ・フローの金額の差が示されるので、期間損益とキャッシュ・フローの関係が明らかになるといわれています。

第1章

第2章

第3章

第4章

第5章

第6章

【問6】 解答：③

（ア） 他社の株式を取得した場合には、有価証券（保有目的によっては投資有価証券）の取得による支出に該当し、投資活動によるキャッシュ・フローの区分に記載されます。

【問7】 解答：③

（ア） 現実的には、指標について絶対の基準を得ることは困難です。同一企業の時系列での比較や、他社や業界標準との相対比較により判断することが適当です。

【問8】 解答：④

（ア） ＥＰＳとは1株当たり当期純利益、ＰＥＲとは株価収益率のことです。
1株当たりの株価＝ＥＰＳ400円×ＰＥＲ20倍＝8,000円

（イ） ＲＯＥとは自己資本利益率のことです。当期純利益÷自己資本で求められるため、設問では導けません。なお、200円となるのは、ＥＰＳ（1株当たり当期純利益）です。
1株当たり当期純利益＝当期純利益2,000百万円÷発行済株式数10百万円＝200円

【問9】 解答：②

（イ） ステークホルダーによって企業との関係は異なるため、意思決定すべき事柄など企業に対する中心的な関心事も異なります。

【問10】 解答：③

（ア） 売上高と販売費及び一般管理費の関係は期間的対応です。なお、費用収益の個別的対応とは、得られた収益とそれに対応する費用との間に直接の関係があるものをいいます。たとえば、売上高と売上原価の関係であると理解してよいでしょう。

2

【問1】 解答：④

払込資本は、純資産を発生源泉により分類する場合の項目です。貸借対照表の表示項目ではないので注意しましょう。

【問2】解答：③

　設問が、「特別損益に含まれる項目」となっていることに注意しましょう。特別利益と特別損失のことをあわせて、特別損益といいます。なお、減価償却費は販売費及び一般管理費、雑収入と受取配当金は営業外収益の項目に含まれます。

【問3】解答：②

　買掛金は流動負債に含まれます。また、投資有価証券は固定資産（投資その他の資産）に含まれます。

【問4】解答：③

　現金に該当するのは、手元現金と要求払預金（当座預金・普通預金・通知預金）です。市場性のある株式は、換金可能であったとしても価値の変動のリスクが小さいとはいえないので現金同等物に該当しません。定期預金は、短期の投資であるかどうかという点から、1年満期のものは現金同等物にあたりません。

【問5】解答：①

　費用収益対応の原則にあわせて、実現主義の原則、発生主義の原則の理解を問う問題です。収益の金額は収入額にもとづいて決定され、費用の金額は支出額にもとづいて決定されることについてもおさえておきましょう。

【問6】解答：③

　損益計算書の基本構造についての問題です。売上高から経常利益までの流れを、語句補充の形式のほか、金額計算や損益計算書百分比の形式でも解答できるようにしておきましょう。

【問7】解答：③

　流動項目と固定項目の区分に関する問題は出題しやすいため、出題される頻度も高いと考えられます。正常循環基準とワンイヤールールの内容と適用順序のほか、特定の科目について問われても対応できるようにしておきましょう。

【問8】解答：②

　貸借対照表と損益計算書の役割についての典型問題です。時点と期間、財政状態と経営成績など、まぎらわしいですがケアレスミスのないように注意しましょう。

第1章
第2章
第3章
第4章
第5章
第6章

【問9】 解答：①

減価償却とは、使用や時の経過による価値の下落を反映させる手続きです。「年々の減価償却費の累計＝減価償却累計額」「貸借対照表での計上額＝取得原価－減価償却累計額」という関係を確認しておきましょう。なお、市場価格や利用価値の著しい下落により、評価の切下げを行うものを減損損失といいます。検定試験3級対策としては、減価償却と減損損失は、別に行われるものであるということを理解しておけばよいでしょう。

【問10】 解答：②

営業利益＝売上高5,500－売上原価3,000－販売費及び一般管理費（広告宣伝費300＋給与500＋租税公課200）＝1,500

なお、支払利息は営業外費用に含まれます。

【問11】 解答：④

棚卸資産＝原材料20＋商品60＋製品160＋仕掛品120＝360

棚卸資産は、販売する目的で保有する資産です。正常営業循環基準から流動資産に該当します。売掛金は流動資産のなかで別に表示されます。なお、工具器具備品は、単に備品とも呼ばれ、固定資産（有形固定資産）に含まれます。

【問12】 解答：②

有形固定資産＝車両運搬具30＋土地60＋建設仮勘定20＝110

のれんは無形固定資産に含まれます。また、投資有価証券と長期貸付金は投資その他の資産に含まれます。

【問13】 解答：③

売上原価＝期首商品棚卸高100＋当期商品仕入高1,000－期末商品棚卸高200＝900

なお、売上高、減価償却費、賞与は、売上原価の計算には用いる必要がありません。

3　　　　　　　　　　　　　　　　　　　　　※金額の単位は百万円

【問1】 解答：④

（ア）　金融商品取引法の代表的な開示媒体は、有価証券報告書です。有価証券短信というものはありません。

（イ）　会社法は、主に株主・債権者の保護を目的にしています。

【問2】解答：③

(ア)　自己資本当期純利益率は、ROE（Return On Equity）と表現されます。ROA（Return on Assets）は、資産利益率のことです。

(イ)　自己資本当期純利益率は、以下のとおりです。

A社　自己資本当期純利益率＝当期純利益4,656÷純資産合計310,564×100≒1.5％

B社　自己資本当期純利益率＝当期純利益17,880÷純資産合計188,457×100≒9.5％

よって、A社よりB社のほうが高いことがわかります。

【問3】解答：④

(ア)　百分比損益計算書は、売上高に占める各項目の金額の割合を示したものです。

(イ)　売上高当期純利益率は、以下のとおりです。

A社　売上高当期純利益率＝当期純利益4,656÷売上高355,644×100≒1.3％

B社　売上高当期純利益率＝当期純利益17,880÷売上高285,466×100≒6.3％

よって、A社よりもB社のほうが高いことがわかります。

【問4】解答：③

(ア)　資本回転率は、投下資本が売上高で効率的に回収されているかを示す指標ですが、通常は回で示されます。

(イ)　総資本回転率が高いほど、資本から効率的に売上高を生み出しているといえます。それぞれの総資本回転率は、以下のとおりです。

A社　総資本回転率＝売上高355,644÷負債・純資産合計1,036,164≒0.3回

B社　総資本回転率＝売上高285,466÷負債・純資産合計1,231,457≒0.2回

よって、A社のほうが資本から効率的に売上高を生み出しているといえます。

【問5】解答：②

(ア)　BPS（BOOK-value Per Share）とは、1株当たり純資産のことです。株価純資産倍率のことであるPBR（Price Book-value Ratio）は、1株当たり株式時価÷BPSで求めることができます。

(イ)　まず、1株当たり純資産（BPS）は、以下のとおりです。

A社　1株当たり純資産＝純資産合計310,564÷発行済株式数

$$500 \div 621.1$$

B社　1株当たり純資産＝純資産合計188,457÷発行済株式数450÷418.8

次に、株価純資産倍率（PBR）は、以下のとおりです。

A社　株価純資産倍率＝1株当たり株式時価1,600÷1株当たり純資産621.1≒2.6倍

B社　株価純資産倍率＝1株当たり株式時価950÷1株当たり純資産418.8≒2.3倍

よって、株価純資産倍率（PBR）はA社のほうが大きく、1株当たり純資産（BPS）もA社のほうが大きいことがわかります。

【問6】解答：④

（ア）　時価総額は、M＆Aを行うさいの被合併会社の基礎評価額として用いられることが多いです。

（イ）　時価総額は、以下のとおりです。

A社　時価総額＝1株当たり株価1,600×発行済株式数500＝800,000

B社　時価総額＝1株当たり株価950×発行済株式数450＝427,500

A社時価総額800,000÷B社時価総額427,500≒1.9

よって、A社の時価総額は、B社の2倍より少ないことがわかります。

【問7】解答：②

（ア）　損益計算書に法人税等調整額が計上されているため、A社・B社ともに、税効果会計を適用していることがわかります。

（イ）　A社の税引前当期純利益に対応する税負担額は、法人税、住民税及び事業税66,300＋法人税等調整額△14,650＝法人税等合計51,650です。

【問8】解答：②

（イ）　費用収益対応の原則でいう個別的対応で測定される費用は、売上原価です。A社の場合は186,252です。

【問9】解答：④

（ア）　間接法によるキャッシュ・フロー計算書では、営業活動によるキャッシュ・フローの区分のみを直接法とは異なる形式で表示します。

（イ）　間接法では、営業活動によるキャッシュ・フローの一番上に

173

　　表示される利益は、<u>税引前当期純利益</u>です。B社の場合は<u>23,069</u>です。

【問10】解答：③

（ア）　1人当たり売上高は、<u>生産性分析</u>の代表的な指標です。
（イ）　1人当たり売上高は、以下のとおりです。
　　　　A社　1人当たり売上高＝売上高355,644÷従業員数2,240
　　　　　　　≒158.8
　　　　B社　1人当たり売上高＝売上高285,466÷従業員数1,855
　　　　　　　≒153.9
　　　　よって、業界平均値155と比較すると、<u>A社は多く</u>B社は少ないことがわかります。

4
※金額の単位は百万円

【問1】解答：②

　　まず、×1年度の流動資産合計を求めます。
　　流動資産合計＝流動負債合計16,000×流動比率143.75％＝23,000
　　受取手形＝流動資産合計23,000－現金及び預金10,000－売掛金3,000
　　　　　　　－契約資産1,000－電子記録債権1,000－有価証券3,000
　　　　　　　－商品2,000－その他1,000＝2,000

【問2】解答：①

　　まず、×2年度の流動資産合計を求めます。
　　流動資産合計＝正味運転資本10,500＋流動負債合計12,800＝23,300
　　契約資産＝流動資産合計23,300－現金及び預金6,800－受取手形3,000
　　　　　　　－売掛金4,000－電子記録債権500－有価証券4,000－商品
　　　　　　　2,000－その他1,500＝1,500

【問3】解答：④

　　まず、×1年度の営業利益を求めます。当期純利益から順番に計算していきます。
　　当期純利益＝売上高150,000×売上高当期純利益率3％＝4,500
　　税引前当期純利益＝当期純利益4,500＋法人税、住民税及び事業税
　　　　　　　　　　　2,200＋法人税等調整額△400＝6,300
　　経常利益＝税引前当期純利益6,300＋特別損失1,000－特別利益0
　　　　　　　＝7,300
　　営業利益＝経常利益7,300＋営業外費用400－営業外収益700＝7,000
　　販売費及び一般管理費＝売上総利益45,000－営業利益7,000＝38,000

第1章
第2章
第3章
第4章
第5章
第6章

【問4】 解答：②

×2年度の投資活動によるキャッシュ・フロー＝フリー・キャッシュ・フロー1,500－営業活動によるキャッシュ・フロー3,000＝△1,500

【問5】 解答：③

まず、×2年度の1株当たり当期純利益を求めます。

1株当たり当期純利益＝当期純利益800÷発行済株式数50＝16

1株当たり株価＝1株当たり当期純利益16×株価収益率1.5＝24

時価総額＝1株当たり株価24×発行済株式数50＝1,200

【問6】 解答：④

（ア） 粗利益は、売上高から売上原価を差し引いた、本業で稼いだ利益のことです。

（イ） 粗利益は、以下のとおりです。

×1年度 粗利益＝売上高150,000－売上原価105,000＝45,000

×2年度 粗利益＝売上高160,000－売上原価120,000＝40,000

伸び率＝（×2年度粗利益40,000－×1年度粗利益45,000）÷
×1年度粗利益45,000×100≒△11.1%

【問7】 解答：①

（イ） 正味運転資本は、以下のとおりです。

×1年度 正味運転資本＝流動資産合計23,000（【問1】より）
－流動負債合計16,000＝7,000

×2年度 正味運転資本＝流動資産合計23,300（【問2】より）
－流動負債合計12,800＝10,500

よって、×1年度より×2年度のほうが大きいことがわかります。

【問8】 解答：②

（イ） 長期的な財政状態の安定度を図る指標として、自己資本比率があります。それぞれの自己資本比率は、以下のとおりです。

×1年度 自己資本比率＝自己資本（純資産）31,200÷総資本（負債・純資産合計）53,200×100≒58.6%

×2年度 自己資本比率＝自己資本（純資産）32,800÷総資本（負債・純資産合計）51,800×100≒63.3%

よって、×1年度よりも×2年度のほうが自己資本比率は高く、長期的に財政状態が安定しているといえます。

【問9】解答：④

（ア）　キャッシュ・フロー計算書の現金同等物は、容易に換金可能であるか、<u>かつ</u>、わずかなリスクしか負わない短期の投資をいいます。

（イ）　現金同等物に受取手形、売掛金、契約資産、電子記録債権、有価証券などは含まれません。

×1年度の現金同等物＝<u>現金及び預金10,000</u>

【問10】解答：②

（イ）　財務諸表は、<u>定量情報</u>です。

貸 借 対 照 表

（20X1年3月31日現在）

（単位：百万円）

資産の部			負債及び純資産の部		
科目	金額		科目	金額	
（資産の部）			（負債の部）		
流動資産	41,167		流動負債	28,342	
現金及び預金	1,828		支払手形	12	
受取手形	3,762		電子記録債務	1,038	
電子記録債権	224		買掛金	9,316	
売掛金	8,555		短期借入金	1,035	
有価証券	10,113		1年内償還の社債	1,500	
棚卸資産	2,784		未払金	4,672	
短期貸付金	5,414		未払法人税等	2,839	
その他	8,487		未払費用	5,491	
固定資産	65,124		預り金	2,240	
有形固定資産	13,581		その他	199	
建物	4,140		固定負債	6,763	
構築物	413		社債	3,500	
機械装置	3,310		退職給付引当金	2,830	
車両運搬具	210		その他	433	
工具器具備品	932		負債計	35,105	
土地	3,854		（純資産の部）		
建設仮勘定	722		株主資本	65,937	
無形固定資産	5,263		資本金	3,970	
のれん	4,328		資本剰余金	4,173	
その他	935		利益剰余金	73,351	
投資その他の資産	46,280		自己株式	△ 15,557	
投資有価証券	40,438		評価・換算差額等	5,557	
長期貸付金	4,737		株式引受権	4	
その他	1,105		新株予約権	8	
繰延資産	320		純資産計	71,506	
開発費	320				
合計	106,611		合計	106,611	

177

損 益 計 算 書

（20X0年4月1日から 20X1年3月31日まで）

（単位：百万円）

科　　目		金　　額
売　　上　　高		115,718
売　上　原　価		92,332
売 上 総 利 益		23,386
販売費及び一般管理費		11,877
営　業　利　益		11,509
営　業　外　収　益		
受　取　利　息	340	
受　取　配　当　金	759	
そ　　の　　他	1,048	2,147
営　業　外　費　用		
支　払　利　息	111	
そ　　の　　他	370	481
経　常　利　益		13,175
特　別　利　益		
投資有価証券売却益	250	
そ　　の　　他	2,341	2,591
特　別　損　失		
固 定 資 産 売 却 損	172	
そ　　の　　他	43	215
税 引 前 当 期 純 利 益		15,551
法人税、住民税及び事業税		4,746
法 人 税 等 調 整 額		△ 204
当　期　純　利　益		11,009

キャッシュ・フロー計算書（間接法）
（20X0年4月1日から20X1年3月31日まで）

（単位：百万円）

科　　目	金　額
Ⅰ 営業活動によるキャッシュ・フロー	
税引前当期純利益	15,551
減価償却費	2,792
有価証券売却損	77
投資有価証券売却益	△ 250
固定資産売却損	134
売上債権の増加額	△ 474
棚卸資産の減少額	144
仕入債務の減少額	△ 90
その他	△ 534
小計	17,350
法人税等の支払額	△ 3,839
営業活動によるキャッシュ・フロー	13,511
Ⅱ 投資活動によるキャッシュ・フロー	
有価証券の売却による収入	1,600
有価証券の取得による支出	△ 1,225
投資有価証券の売却による収入	2,042
投資有価証券の取得による支出	△ 5,860
有形固定資産の売却による収入	3,807
有形固定資産の取得による支出	△ 7,519
短期貸付による支出	△ 8,526
短期貸付金の回収による収入	8,552
長期貸付による支出	△ 6,074
長期貸付金の回収による収入	5,428
投資活動によるキャッシュ・フロー	△ 7,775
Ⅲ 財務活動によるキャッシュ・フロー	
自己株式の取得による支出	△ 2,957
配当金の支払額	△ 3,391
短期借入による収入	3,727
短期借入金の返済による支出	△ 2,362
財務活動によるキャッシュ・フロー	△ 4,983
Ⅳ 現金及び現金同等物の増減額	753
Ⅴ 現金及び現金同等物の期首残高	874
Ⅵ 現金及び現金同等物の期末残高	1,627

索　引

181

【著者紹介】

●横山　隆志（よこやま たかし）

税理士・中小企業診断士・ITコーディネーター。1957年神戸市生まれ。1982年、大手金融機関に入社。1984年にはパソコンによるビジネス環境の変化に着目し独立。さらに1988年には、大手会計ソフトメーカーの大阪事業所の責任者に就任し、会計ソフトの普及に尽力する。その後、有限会社ケースメソッドを設立。2,000社以上の中小企業の会計業務運用支援に携わる一方、2000年には職業訓練校の弥生カレッジCMCを立ち上げ、会計人材の育成にも尽力。企業の経営者として活動する中で、上場企業の会計業務を研究するために日商簿記1級、ビジネス会計検定試験1級を取得。さらに、中小企業の税務支援のために税理士の資格を取得。現在は、IT総合会計事務所の所長も務めている。弥生カレッジCMCでは、ビジネス会計検定試験をはじめとする各種の無料動画を紹介している。

https://www.kaikei-soft.net/

ライフワークは坂本龍馬研究、日々の生活での活動は妻との大河ドラマ鑑賞・朝ドラ鑑賞である。　坂本龍馬の言葉で自身に影響を与えた言葉は、「世の人は我を何とも言わば言え　我なす事は我のみぞ知る」。

公式テキスト第5版対応
ビジネス会計検定試験® 3級重要ポイント＆模擬問題集

2023年9月10日　　　初版第1刷発行

著　者―――　横山　隆志
　　　　　　　ⓒ 2023 Takashi Yokoyama
発行者―――　張　士洛
発行所―――　日本能率協会マネジメントセンター
〒103-6009 東京都中央区日本橋2・7・1　東京日本橋タワー
TEL　03（6362）4339（編集）／03（6362）4558（販売）
FAX　03（3272）8127（編集・販売）
https://www.jmam.co.jp/

装　丁―――　後藤　紀彦（sevengram）
本文DTP――　株式会社明昌堂
印刷所―――　広研印刷株式会社
製本所―――　東京美術紙工協業組合

ISBN 978-4-8005-9138-8 C3033
落丁・乱丁はおとりかえします。
PRINTED IN JAPAN